Max Alois Heberle

Hypnose und Suggestion im deutschen Strafrecht

Max Alois Heberle

Hypnose und Suggestion im deutschen Strafrecht

ISBN/EAN: 9783744642675

Hergestellt in Europa, USA, Kanada, Australien, Japan

Cover: Foto ©Suzi / pixelio.de

Weitere Bücher finden Sie auf **www.hansebooks.com**

Hypnose und Suggestion

im

deutschen Strafrecht.

Inauguraldissertation

von

Max Alois Heberle,
Rechtspraktikant.

München.
Verlag von J. Schweitzer.
1893.

Wer es unternimmt, sich durch die Literatur des Hypnotismus durchzuarbeiten, wird am Ende seines Studiums zunächst wohl über nichts klar sein, als darüber, daß es in diesem ganzen Gebiete nicht einen Punkt gibt, über welchen die „Gelehrten" einig sind.

Der eine verweist den ganzen Hypnotismus in's Irrenhaus, wie Prof. Dr. du Bois-Reymond[1]), ein anderer, wie Prof. Fuchs in Bonn, sieht darin nur „Komödie, Lug- und Gaukelspiel mit thörichten Weibern, jungen Laffen und dem großen Geschlechte der dummen Kerle", während wissenschaftliche Autoritäten von nicht geringerer Bedeutung als die eben Genannten, wie Krafft-Ebing, Charcot, Bernheim u. a. mit der größten Entschiedenheit für die Wahrheit und Wichtigkeit des Hypnotismus eintreten.

Frägt man nach dem Grunde dieser Meinungsverschiedenheiten, so ist die Antwort nicht schwer zu finden; denn bei einiger Aufmerksamkeit wird jedem sofort klar, daß der Grund hiefür in der Verschiedenheit der Untersuchung der hypnotischen Erscheinungen liegt. Die größten Gegner des Hypnotismus sind diejenigen, welche sich gar nicht mit ihm beschäftigt haben, wie Prof. Helmholtz, der dies offen eingesteht, indem er sagt: was er von Hypnotismus wisse, habe er nur durch Zufall erfahren, da ihm seine gesellschaftliche Stellung und das Geschlecht der Mitwirkenden eine wissenschaftliche Untersuchung verbiete[2]). Andere sind durch das Mißlingen ihrer Experimente zu einer dem Hypnotismus mißgünstigen Ueberzeugung gekommen, durch Versuche, welche meist nur deswegen ein negatives Resultat hatten, weil sie nicht richtig angestellt wurden.

Auf diejenigen Punkte, welche erst in gründlicher wissenschaftlicher Untersuchung streitig geworden sind, werde ich im Folgenden näher eingehen, soweit es das gegebene Thema erfordert.

Der Hypnotismus d. h. die Wissenschaft von der Hypnose und deren Erscheinungen hat die allgemeine Aufmerksamkeit auf sich gelenkt durch Schaustellungen, öffentliche Vorträge, Zeitungsberichte, Romane, Abhandlungen in medizin- und philosophischen Fachschriften,

---

[1]) „Deutsche Dichtung" Bd. IX Heft 5.
[2]) „Deutsche Dichtung" l. c.

durch Monographien und nicht zum mindesten durch die therapeutische Verwendung der hypnotischen Erscheinungen.

Von den Juristen haben sich bislang nur wenige mit Hypnotismus beschäftigt, und erst als Dr. v. Lilienthal i. J. 1887 ebenso wie einige Jahre früher Dr. Liégeois in Nancy auf die strafrechtliche Bedeutung des Hypnotismus hinwies, galt dieser als offiziell von der Jurisprudenz anerkannt. Seit dieser Zeit sind von nennenswerten Arbeiten auf diesem Gebiete in Deutschland nur erschienen „Das hypnotische Verbrechen" von Dr. Carl du Prel, „Die Hypnose und ihre civilrechtliche Bedeutung" von Dr. Bentivegni, sowie „Der Hypnotismus im Dienste der Staaten und der Menschheit" von dem K. K. österr. Polizeirate Kusmaneck.

Obwohl in allen Werken über Hypnotismus Fragen juristischer Natur mit mehr oder weniger Fachkunde behandelt sind, so dürfte doch noch manches darin unbeachtet geblieben sein und zum erstenmale in gegenwärtiger Arbeit Berücksichtigung finden. — Der Natur des gewählten Themas entsprechend kann ich historische und philosophische Ausführungen nicht vermeiden, während ich, um nicht zu weitläufig zu werden, in medizinischen insbesondere physiologischen Fragen lediglich auf die einschlägigen citierten Werke verweisen will.

I. Teil.

Historisches.

Bei allen Völkern und zu allen Zeiten gab es Personen, die als Priester, Ärzte, Propheten u. s. w. auftraten und dabei im Besitze einer geheimnisvollen Macht standen, mit welcher sie auf Andere einen ganz besonderen, nützlichen oder schädlichen Einfluß ausübten, sodaß sie dementsprechend wie Geweihte Gottes verehrt oder wie Teufelsknechte gehaßt und gefürchtet wurden.

So lehrt uns die Geschichte der alten Ägypter, Perser, Inder, Chinesen, Mexikaner, Juden, Griechen und Römer. Allen diesen Zauberern war das gemeinsam, daß sie bei Ausübung ihrer geheimnisvollen Thätigkeit entweder selbst in abnormen psychischen und physischen Zustand verfielen oder ihre Objekte in solchen versetzten, wie uns von der medischen und persischen Priesterkaste der Magier, den ägyptischen Geheimpriestern, den in Ekstase weissagenden Sybillen und den indischen Fakiren berichtet wird. Besonders zu erwähnen sind hier der neupythagoräische Philosoph und Wunderthäter Apollonius von Tyana, vielfach mit seinem Zeitgenossen Christus verglichen, und der als Zauberer verschrieene römische Philosoph Appulejus. Von der größten Wichtigkeit ist für uns das „dunkle" Mittelalter mit seinen Hexen, Besessenen, Gottesurteilen, Stigmatisierten und Wunderdoktoren. Es bietet uns damit jene rätselhaften Erscheinungen, welche von den Aufgeklärten so gerne als unsinnig verlacht werden, von jedem Hypnotiseur aber heutzutage sich beliebig wiederholen lassen. Wenn ein Hypnotiseur einem sehr suggestibeln Menschen durch hypnotischen Befehl die Idee aufzwingt, er, der Hypnotisierte, sei in einen Wolf verwandelt worden und müsse sich als solcher gebärden („objectivation des types" nach Richer), so benimmt sich dieser genau wie ein von der früher unerklärlichen Lupomanie Behafteter d. h. wie ein

Verhexter: er ist Tier geworden in menschlicher Gestalt. Wenn jemand in der Hypnose gegen Nadelstiche, Stöße, Schläge und Berührung mit heißen Körpern unempfindlich gemacht wird, so haben wir damit ein Analogon der mittelalterlichen Feuerprobe. Wenn Krafft Ebing[3]) bei seinen Versuchspersonen Brandwunden dadurch erzeugt, daß er in denselben durch hypnotische Suggestion die Einbildung erweckt, der sie berührende hölzerne Gegenstand sei glühendes Eisen, so ist damit eine dem Stigma ähnliche Erscheinung experimentell bewiesen. Wenn endlich Dr. Delboeuf[4]) in Lüttich einen nach syphilitischer Infektion fast erblindeten jungen Mann von 20 Jahren bloß durch Anwendung der hypnotischen Suggestion vollständig heilt, so wird er von jedem der Hypnose Unkundigen als Wunderdoktor angestaunt und gepriesen werden. Auch die meisten Symptome der Besessenheit lassen sich bei Hypnotisierten hervorrufen, sodaß diejenigen Thatsachen, welche im Mittelalter von allen Gelehrten anerkannt, seit der „Aufklärung" aber als Schwindel und Betrug verworfen worden sind, heutzutage vom Laboratorium des Arztes aus die Welt in Erstaunen setzen und unter die Glaubenssätze des Dogmas der exakten Wissenschaften aufgenommen werden können.

Die Mediziner, welche jetzt selbst zugeben müssen, im Hypnotismus Verlorenes wieder gefunden zu haben, sehen den Fortschritt, den uns der Skeptizismus gebracht, darin, daß die erwähnten Thatsachen unter wissenschaftliche (d. i. medizinische Untersuchung) kamen, und daß mit Entdeckung des natürlichen Vorganges der Teufelsglaube eliminiert wurde.

Doch ist die Erkenntnis, daß man zur Realisierung jener mystischen Vorgänge den Teufel nicht braucht, daß vielmehr unsere Psyche allein dies alles vermag, nicht eine Errungenschaft unserer modernen medizinischen Forschung, denn diese Erkenntnis besaß schon Agrippa von Nettesheim (14. Jahrh.), welcher sich in seiner philosophia occulta deutlich genug ausspricht mit den Worten: „Du sollst wissen, daß wir die Ursache so großer Wirkungen nicht außer uns suchen sollen; in uns ist ein wirkendes Wesen (operator), welches alles ohne Beleidigung Gottes und der Religion erkennt und vollbringt, was die Astrologen, Magier, Alchymisten und Nekromanten versprechen. Ich sage, in uns ist der Urheber jener Wunderdinge".[5])

Sehr wertvoll ist die Forschung unserer Psychologen dadurch geworden, daß dieselben uns einen eingehenden Commentar zu

---

[3]) Krafft Ebing: Eine experimentelle Studie auf dem Gebiete des Hypnotismus. Forel: Der Hypnotismus, S. 55.

[4]) Delboeuf: „L'hypnotisme appliqué aux altérations de l'organe visuel." Paris 1890, S. 32.

[5]) du Prel: Zur Geschichte des Okkultismus, S. 3.

dieser Erklärung Agrippas lieferten, weshalb wir auch allen Grund haben die großen Verdienste der Führer in dieser sogenannten neuen Wissenschaft gebührend anzuerkennen.

Einer der größten Gelehrten des Mittelalters Albertus Magnus, der Franziskanermönch doctor mirabilis Roger Bacon, Thomas Campanella und Giordano Bruno waren Träger der Geheimwissenschaften. Cardanus konnte sich durch seinen bloßen Willen in Somnambulie versetzen, Porta wandte narkotische Mittel an, um die Menschen in Somnambulie zu bringen und sie suggestionsfähig zu machen, und nannte dann diese Mittel Hypnotica.[6])

Campanella wie Giordano Bruno kannten den Somnambulismus und die Suggestion, und van Helmont sagt, daß durch Einbildung Krankheit erzeugt und durch erweckte Gegenvorstellung auch wieder beseitigt werden könne, eine Erscheinung, welche wir heute Auto- und Fremdsuggestion nennen.

Damals lebte auch „der Monarch der Geheimnisse" Theophrastus Paracelsus, welcher das ganze Gebiet des Hypnotismus und Somnambulismus, wie es in unserer Zeit wieder entdeckt wurde, beherrschte und praktisch verwertete wie kein Anderer nach ihm. — „Noch einmal soviel vermag der Glaube als der Leib vermag" sagt er selbst und verrät damit das Geheimnis seiner Wissenschaften.

Können unsere Experimentatoren etwas Interessanteres berichten als das ist, was Joh. Bapt. Porta in seiner magia naturalis, Neapel 1587 lib. VIII erzählt? „Ich hatte einen Freund, welcher vor Zuschauern nach Belieben einen Menschen so beeinflussen konnte, daß er sich in einen Vogel oder ein beliebig anderes Tier verwandelt glaubte. Wer sich z. B. in eine Gans verwandelt glaubte, rupfte mit dem Munde Kräuter ab, pickte mit demselben auf Andere wie die Gans mit dem Schnabel, erhob ein Geschnatter u. s. w. Wieder ein Anderer, [welchem die Meinung eingepflanzt worden war, er sei im Wasser] glaubte sich dem Ertrinken nahe und rang verzweifelnd mit dem Erstickungstode."

Meistens ist diese Beeinflussung mit der Anwendung irgend welcher äußerer Mittel z. B. mit dem Hersagen von Zauberformeln verbunden, wodurch die Suggestivwirkung verstärkt wird. In das 16. Jahrhundert fallen auch die ersten eingehenden Forschungen über die magnetische Kraft, d. h. eine alle Körper, ja das ganze Weltall durchdringende und belebende Naturkraft, auf welcher der Zusammenhang der Weltkörper unter einander beruhe. Diese von Bernulli, Gilbert, Kepler und besonders Paracelsus begründete Lehre vom siderischen Magnetismus, so genannt von

---

[6]) eod.

dem Einflusse der Gestirne (sidera), wurde durch van Helmont („de magnetica vulnerum curatione“), Maxwell („medicina magnetica“) und Albrecht von Haller weiter ausgebildet, indem dieselben speziell im Menschen eine Kraft fanden, welche auf Andere magnetisch wirken könne.

All diese Theorien führte der bei den Medizinern ungerechterweise mehr berüchtigte als berühmte Arzt Anton Mesmer, zuerst in Wien, später in Paris, in ein abgeschlossenes System zusammen und fixierte in seinem Werke: „Mémoire sur la découverte du magnetisme animal 1779“ die Begriffe des animalischen und Lebensmagnetismus als der Bezeichnung für eine ätherische Kraft und eines ätherischen Stoffes, des Fluidums, welches durch das Ausströmen von einem Menschen und Einströmen auf einen andern vorzüglich heilwirkend sein könne. Mesmer, welcher seine Theorie in ausgedehntester und erfolgreichster Weise praktisch verwertete, unterbreitete seine Lehrsätze der Begutachtung durch die académie française in Paris im Jahre 1784, von welcher dieselben damals verworfen, im Jahre 1831 aber nach neuerlicher gründlicher Prüfung feierlichst anerkannt wurden.

Obwohl die meisten Vertreter der offiziellen Wissenschaft mit wenig Ausnahmen gegen Mesmers Theorie, auch Mesmerismus genannt, z. Zt. sich ablehnend verhalten, wird dennoch dessen Heilmethode heute noch allenthalben von approbierten und nicht approbierten Ärzten angewendet. Der Mesmerismus ist für uns deswegen von ganz enormer Wichtigkeit, weil in ihm alles das schon enthalten ist, was man jetzt unter Hypnotismus, Suggestion und Somnambulismus begreift. Die Erscheinungen sind hier wie dort die gleichen, verschieden ist nur die Art ihrer Erzeugung.

Mesmer, sowie seine Schüler und Nachfolger, unter welchen Namen von sehr gutem Klange sind, waren sämtlich Ärzte und unterschieden sich als Magnetiseure von ihren übrigen Kollegen dadurch, daß sie das magnetische Fluidum anstatt der gewöhnlichen Arzneien als Heilmittel benützten, indem sie dem kranken Körperteile durch Striche mit ihren Händen magnetische Kräfte — Lebenskräfte — zuzuführen gedachten und in schwierigen Fällen den künstlich hervorgerufenen Schlaf mit Heilsuggestion als Heilmittel anwandten. Dieser magnetische Schlaf ist ganz derselbe wie der neuentdeckte hypnotische mit allen Erscheinungen der Katalepsie, Lethargie, sowie der Somnambulie. Der Patient wird durch Striche über Kopf und Körper in Bewußtlosigkeit (Schlaf) versetzt und unterscheidet sich in diesem Zustande vom normalen Schläfer nur dadurch, daß er in engem Rapporte mit seinem Magnetiseure steht und sich von diesem in seinen traumähnlichen Vorstellungen und in seiner Willensthätigkeit beeinflussen läßt. Dieses Moment der

Suggestibilität, welches bei Mesmer noch nicht so ganz deutlich hervorgehoben ist, obwohl es schon den eingangs genannten Philosophen bekannt war, wurde in der Folge von Mesmers Schülern, hauptsächlich von Puységue untersucht, welcher deswegen als Entdecker der künstlich hervorgerufenen Somnambulie gilt.

In klarer wissenschaftlicher und doch allgemein verständlicher Fassung wurden all diese Entdeckungen dargestellt von Deleuze in „histoire critique du magnétisme animal 1813".

Hier finden wir die Willensunterordnung des Magnetisierten unter den Willen des Magnetiseurs, die erhöhte Sensibilität, die Erinnerungslosigkeit nach dem Erwachen und das Anbefehlen von Vorstellungen und Handlungen, die sich erst nach dem Erwachen realisieren sollen — den posthypnotischen Befehl.

Seit dem Auftreten Mesmers wächst die Literatur über animalischen Magnetismus und Somnambulismus ungemein an. Von den unzähligen Autoren sind besonders zu erwähnen: Mouillesaux, der sog. Entdecker des posthypnotischen Befehles, Graf Lützelburg, welcher in nouveaux extraits des journaux d'un magnetiseur 1788 interessante Fälle von Heilung Irrsinniger durch posthypnotischen Befehl erzählt, Dr. Bertrand in seinem traité du somnambulisme 1823, der portugiesische Priester Abbé de Faria, welcher in seinem Buche „de la cause du sommeil lucide ou étude de la nature de l'homme, Paris 1819" zum erstenmale die Suggestion wissenschaftlich behandelte und der eigentliche Vorgänger des gewöhnlich als Entdecker des Hypnotismus genannten Braid war, da er zuerst die Ursache der Erzeugung des magnetischen Schlafes nicht in Übertragung eines magnetischen Fluidums, sondern einfach in Sinnesermüdung fand und behauptete, daß eine fremde Kraft zur Herbeiführung der magnetischen Erscheinungen nicht nötig sei, daß vielmehr die Ursachen derselben im Schlafenden selbst liegen.

Erwähnenswert sind ferner noch du Potet (traité complet de magnétisme 1821) und Ricard, von den Deutschen Kieser, Ennemoser, Hufeland, Eschenmayer u. s. w., hauptsächlich das von Mehreren herausgegebene Archiv für den tierischen Magnetismus 1817—1827.

In das Jahr 1843 fällt die Geburt des enfant terrible unserer Mediziner — des modernen Hypnotismus.

Schon im Jahre 1841 regten die Experimente des franz. Magnetiseurs Lafontaine in Manchester den schottischen Arzt James Braid zu gründlichen Untersuchungen dieses Gebietes an, welche ihn zu der Erkenntnis führten, daß gewisse Menschen durch andauerndes Fixieren eines Punktes oder auch durch plötzliches Erschrecken in einen schlafähnlichen Zustand fallen, welchen er Hypnose (ὕπνος, Schlaf) nannte. Den tiefsten Grad dieses Schlafes nannte auch er, wie die Magnetiseure, Somnambulismus (richtiger

Somnambulie) und fand ebenfalls in demselben ein vom Wachbewußtsein verschiedenes Bewußtsein mit beschränkter Willensfähigkeit, sodaß äußere Einflüsse auf die Psyche des Schlafenden sehr leicht ohne entgegentretende Hemmung recipiert werden können.

Man nennt diese Beeinflussung des Willens- und Vorstellungslebens einer Person durch irgend welche Mittel Suggestion (suggerer), Fremdsuggestion, wenn sie von einem Andern, — Autosuggestion, wenn sie anscheinend von dem Ich des Subjektes selbst ausgeht. Braid veröffentlichte im Jahre 1843 das Resultat seiner Studien mit genauer Analyse der sommatischen Veränderungen der hypnotisierten Personen in seinem Buche: Neurypnologie or the rational of nervous sleep considered in relation with animal magnetisme, ein Buch, welches trotz seiner Wichtigkeit bei den zeitgenössischen Collegen Braids wenig Anerkennung fand, umsomehr aber in unserer Zeit überschätzt wird. Braid, welcher seine Kenntnisse der Hypnose bei gewissen Krankheiten besonders Nervenleiden therapeutisch verwendete, gilt bei den heutigen den Magnetismus prinzipiell negierenden Medizinern als Entdecker des Hypnotismus und der Suggestion. Wie unbegründet diese Annahme ist, habe ich im Vorausgehenden gezeigt, da Braid genug Vorgänger hatte in den mittelalterlichen Theumaturgen, welche ihre Kranken durch Anstarrenlassen glänzender Gegenstände kataleptisch machten, wie auch der berüchtigte Cagliostro (eigentlich Giuseppe Balsamo) Unempfindlichkeit und Bewußtlosigkeit durch Fixierenlassen spiegelnder Flächen erzeugte.

Braids System, früher auch Braidismus genannt, wurde die Grundlage für alle weiteren medizinischen Untersuchungen des Hypnotismus.

Dr. Azam in Bordeaux, Dr. Velpean in Paris, der Physiologe Carpenter, Lasègue, Motet, Dr. Durand, Dr. Richet und Dr. Liébeault in Nancy sind hauptsächlich von denjenigen zu nennen, welche diese Untersuchungen fortsetzten. Doch machte die neue Wissenschaft noch kleine Fortschritte, bis eine der größten medizinischen Autoritäten Frankreichs, Charcot in Paris, mit Prof. Richer im Jahre 1878 die Ergebnisse der genauesten Untersuchungen der hypnotischen Erscheinungen an Hysterischen veröffentlichte und dann in der Akademie der Wissenschaften in Paris vortrug.

Charcot experimentierte in der Salpêtrière nur mit Hysterischen und behauptet, daß die Hypnose nur bei diesen erzeugt werden könne und eine rein pathologische Erscheinung sei; nicht Hysterische seien nicht hypnotisierbar. Charcot machte mit seinem Systeme der grande hysterie, wie er die Hypnose nannte, große Schule in Paris, zu welcher später eine zweite von Nancy in scharfen Gegensatz trat. Zu den Schülern Charcots zählen bedeutende medizinische Autoren, wie Gilles de la Tourette: „l'hypnotisme et les états analogues" — Paul Richer: „sur la grande hysterie", Delboeuf: „une visite à la Salpêtrière", Binet et Féré: „Le magnétisme animal", Hack Tuke: „sleep walking and hypnotisme" u. s. w.

Nach Charcots Vorgange hatten auch einige deutsche Ärzte den Mut, sich mit Hypnotismus zu beschäftigen, zumal der Hypnotiseur Hansen in öffentlichen Vorstellungen die „Kunststücke" desselben im Jahre 1880 vorführte und somit die bisher unbekannten Thatsachen des Hypnotismus in allen Kreisen bekannt machte, ähnlich wie Donato in Frankreich.

Zuerst trat der Breslauer Physiologe Heidemann für den Braidschen Hypnotismus ein (1880), welchem dann gleich die Professoren Preyer, Grützner, Berger und andere folgten.

Die eigentliche Ausbildung nach der psychologischen als seiner wichtigsten Seite erfuhr der Hypnotismus erst in Nancy, wo die medizinische Fakultät unter der Führung des Prof. Dr. Bernheim sich mit aller Kraft auf die Erforschung der hypnotischen Erscheinungen warf.

Die schon von Liébeault 1866 begründete Suggestionslehre mit besonderer Beziehung auf die therapeutische Verwertung der Suggestion wurde dort auf Grund unzähliger Experimente an gesunden und kranken Personen jedes Geschlechtes, Alters und Stammes zur vollendeten Ausbildung gebracht; die Begründer der Schule von Nancy erkannten das Wesen der Hypnose als einen von dem normalen nur durch den Tiefegrad verschiedenen Schlafzustand, der nicht pathologischer, sondern rein psychischer Natur ist und nur durch die vom Subjekte selbst ausgehende oder von Außen demselben eingepflanzte und sich realisierende Idee des Schlafes hervorgerufen wird.

Demgemäß schläfern dieselben ihre Versuchspersonen zum Unterschiede von den Anhängern der Methode des Braid und Charcot ohne alle physischen gewaltthätigen Reizmittel durch die bloße Erweckung der Schlafidee d. h. durch die Suggestion des Schlafes ein.

Die Vertreter der Schule von Nancy finden das Wesen der Hypnose in der Suggestion und lassen den Begriff der Hypnose ganz in demjenigen der Suggestion aufgehen.

Die wunderthätige Macht der oft geradezu unwiderstehlichen hypnotischen Suggestion benutzen sie zur Heilung aller Arten von Krankheiten, beweisen aber auch, daß diese Macht der eingepflanzten Idee, wie zu guten, ebenso auch zu schlechten — verbrecherischen — Zwecken dienlich sein kann, und richten ihre warnenden Worte an die ganze menschliche Gesellschaft, hauptsächlich aber an diejenigen, welche berufen sind, dieselbe gegen Gefahren aller Art zu schützen.

Das hypnotische Verbrechen haben wir erst durch die Schule von Nancy und deren hervorragenden juristischen Vertreter Prof. Dr. Liégeois kennen gelernt.

Letztgenannte Schule steht in fast allen wichtigen Punkten im Widerspruch mit der Pariser Schule. Die Anhänger Charcots benützen immer noch die Braidsche Einschläferungsmethode, teilen die Hypnose in andere Grade ein, halten sie für einen rein pathologischen Zustand (Neurose), leugnen die Hypnotisierbarkeit gesunder Menschen und bestreiten die Möglichkeit ihrer erfolgreichen therapeutischen Verwertung sowie die Möglichkeit hypnotischer Verbrechen.

Wenn man weiß, daß Charcot mehrere Jahre nur mit denselben 12 hysterischen Personen experimentiert hat, daß aber Bernheim, Beaunis und Liégeois an mehreren Tausend Personen ihre hypnotischen Untersuchungen anstellten und auf Grund derselben einen Reichtum an gelungenen interessanten Experimenten aufzuweisen haben, mit welchem die Pariser sich nicht im Entferntesten vergleichen können, wenn man ferner weiß, wie schädlich sich das Pariser Verfahren und wie nützlich sich die Nancymethode erwiesen hat, dann ist es nicht schwer zu entscheiden, welche von diesen beiden Schulen sich einer gründlicheren Kenntnis des Hypnotismus erfreut.

Auch der von circa 200 Juristen und Medizinern aller Nationen besuchte Congreß der Hypnotiker zu Paris im Jahre 1889 sprach sich für die Schule von Nancy aus, sodaß Nancy als Siegerin über Paris aus diesem Kampfe der Theorien hervorging, wie nicht anders zu erwarten war.

Es ist ganz unbegreiflich, wie jetzt noch Ärzte, die als wissenschaftliche Größen gelten, in Wort und Schrift sich abfällig über Hypnotismus und Suggestion äußern und die Resultate der neuesten Forschung ignorieren können, um dann auf Grund falscher Voraussetzungen falsche Schlüsse zu ziehen.

Wie schon erwähnt, blieb der Hypnotismus nicht auf Frankreich beschränkt; es bildeten sich in den meisten großen Städten Gesellschaften zur wissenschaftlichen Erforschung dieses Gebietes, so in München, Berlin, Paris (société de psychologie physiologique) in Boston die american society for Psychical Research mit der Zeitschrift Proceedings und die älteste und wichtigste, die gegen 600 Mitglieder zählende Psychical Research in London. Von den deutschen Autoren sind die wichtigsten Dr. du Prel in München, Krafft Ebing und Obersteiner in Wien, Dr. Dessoir und Dr. Eulenburg in Berlin, Dr. Hirth in Breslau, Dr. Grützner in Tübingen, der Jurist Dr. Lilienthal, Dr. Schmidkunz mit einem sehr ausführlichen Werke über Suggestion (1892) u. a. Die besten Werke jedoch sind: Der Hypnotismus von Dr. Moll in

Berlin und hauptsächlich „der Hypnotismus" von Dr. A. Forel in Zürich (1891), welche beide ganz auf dem Boden der Schule von Nancy stehen.

In England ist Hack Tuke der hervorragendste Hypnotiker, während die Werke von Tamburini e Seppili (contribuzione allo studio sperimentale dell' ipnotismo (1881)), und Lombroso (studj sull' ipnotismo (1886) und la dispolarizzozione negli ipnotici (1887)) den Hypnotismus in Italien bekannt machten.

Die juristische Bedeutung des Hypnotismus beachteten vorzüglich Brouardel, Ladame, Motet, Campili in Rom, Lombroso in Turin, (l'ipnotismo applicato alla procedura penale 1886), du Prel, Lilienthal und besonders ausführlich Liégeois.

Interessant ist die Statistik der seit 1853 bis 1888 erschienenen Literatur über Hypnotismus in Dessoirs Bibliographie des Hypnotismus.

Es sind dort über 800 Werke aufgezählt, worunter 207 Zeitschriften und 481 Autoren sich befinden, 473 französische, 102 englische, 88 italienische und 69 deutsche. Davon ressortieren 199 zur Medizin und 43 zur Jurisprudenz.

Das Anwachsen der Literatur ist daraus ersichtlich, daß im Jahre 1880 bloß 14, dagegen im Jahre 1887 schon 205 Werke erschienen sind.

Die Zahl 69 im Verhältnis zu 473 gibt uns einen Anhaltspunkt für die Erkenntnis, wie sehr unsere hypnotische Literatur hinter der französischen zurückgeblieben ist.

Ob die Zurückhaltung vieler deutschen Gelehrten in dieser für Philosophie, Medizin und Jurisprudenz gleich interessanten und wichtigen Wissenschaft, die doch schon längst aus dem „Dunkel der Mystik" an das „helle Tageslicht der exakten Forschung" gezogen zu sein scheint, ihren Grund hat in der so rühmlich bekannten deutschen Gründlichkeit oder in unverzeihlicher Interesselosigkeit ist eine müssige Frage für denjenigen, welcher mit Aufmerksamkeit diese „Revolution der Wissenschaft" verfolgt. —

II. Teil.

Juristisches.

Unbekümmert um den Jahrhunderte alten Streit der Philosophen über die Möglichkeit der freien Willensbestimmung haben die Gesetzgebungen aller Kulturvölker bisher ausnahmslos Straf- und Civilrechtsnormen geschaffen, unter der Voraussetzung, daß eben diese Möglichkeit vorhanden sei und es eine Schuld gebe, weshalb auch der Begriff der Strafe eine der Schuld entsprechende Normierung fand.

Das zur Aufrechterhaltung der Gesellschaftsordnung aufgestellte Strafgesetz wird erst angewendet, nachdem die inkriminierte Handlung in Bezug auf das Vorhandensein einer Schuld geprüft worden ist; darnach wird dann auch das Übel für den Thäter bemessen, das wir Strafe nennen.

Unter Schuld im Strafrechte verstehen wir das Hemmungsvorstellungen überwindende d. h. mit Bewußtsein und Verantwortungsgefühl gewollte Setzen einer Ursache, deren Folge die Verletzung irgend eines Rechtsgutes ist.

Erfüllt eine Handlung oder Unterlassung nicht alle diese Begriffsmerkmale, dann haben wir keine Schuld, und das Gesetz hat keine Strafe dafür.

Das ganze Gebäude unserer Gesetze stürzt zusammen, wenn wir ihm seine Basis, diese Voraussetzung der Willensfreiheit, nehmen, denn es ist klar, daß es ohne diese keine Schuld, sondern nur noch ein Verursachen gibt.

Dieser Kampf über die Willensfreiheit wurde stets mit großer Erbitterung geführt, weil es sich hier um eine der wichtigsten Fragen des menschlichen Daseins handelt; — auf der einen Seite das große Heer der christlichen Philosophen und Theologen, auf der andern Seite die scharfbewaffneten Fatalisten und Deterministen. Seit Schopenhauer, besonders aber seit dem Umsichgreifen des modernen

Materialismus, nach dessen mechanischer Weltauffassung ein Wille als seelischer Faktor überhaupt nicht existiert, sind auch die juristischen Theoretiker in diesen Kampf eingetreten. Höchst bedeutsam in unserer Zeit ist die kriminal-anthropologische Schule Italiens unter der Führung der Turiner Professoren Lombroso (l'uomo delinquente) und Ferri (la teoria dell' imputabilità e la negozione del libero arbitrio), welche die Anschauung vertreten, daß alle guten und schlechten Eigenschaften des Menschen nur vererbt und die schlechten Eigenschaften nur das Zeichen einer Gehirnerkrankung seien, daß jeder Verbrecher infolge dessen ein Irrsinniger sei und als solcher behandelt werden müsse: „Der Mörder muß morden, weil es seine Constitution erfordert", er ist nach Lombroso geisteskrank, sonst wäre er nicht so wie er ist, sein Handeln ist die naturnotwendige Folge von unzähligen Bedingungen, welche er selbst nicht gesetzt hat.

Man sollte erwarten, daß mit dem Wegfallen der Verantwortlichkeit folgerichtig auch jedes Strafprincip fallen müßte — ohne Schuld keine Strafe. — Dem ist aber nicht so, die Strafe soll mit geringen Ausnahmen im allgemeinen so bleiben wie sie ist, nur soll sie den Verbrecher für seine Uebelthaten nicht strafen, sondern auf Zeit sicher stellen, andere von Deliktsverübung abschrecken oder auch die Übelthat als solche sühnen — eine Inkonsequenz, die jedem logisch Denkenden sofort auffällt.

Wie ließe sich die Strafe als bloße Sicherheitsmaßregel denken?

Wer nicht Anlaß gibt zu der Befürchtung, daß er ein zweites Delikt begehen werde, darf nicht sicher gestellt werden, denn dies wäre ungerecht; wer aber diese Befürchtung aufkommen läßt, müßte auch wegen der geringsten Übels lebenslänglich der Freiheit beraubt werden. Wer könnte in dieser Alternative entscheiden?

Ferner wie soll Jemand durch Strafdrohung von einem Delikte abgeschreckt werden können, wenn er dasselbe mit dem Zwange der Naturgewalt begehen muß? —

Auch nach unserm Reichsstrafgesetzbuche ist jedes Delikt zu prüfen nach den Momenten: freie Willensentschließung — That (Unterlassung) — Erfolg, und im Gesetz selbst sind die einzelnen Umstände bezeichnet, welche das erste Moment und damit auch Schuld und Verantwortung ausschließen. Ist die freie Willensentschließung als vorhanden anzunehmen, dann spricht das Strafgesetz von Zurechnungsfähigkeit, das Civilgesetz von Handlungsfähigkeit, d. h. die That muß aus dem psychisch freien Ich des Menschen heraustreten oder nach Holtzendorff „geistiges Eigentum" des Thäters sein.

Die gesetzlich fixierten Gründe der beschränkten bezw. mangelnden Zurechnungsfähigkeit sind: Jugend, mangelnde Sinneswerkzeuge, wie

Blindheit und Taubheit, dann Geisteskrankheit, worunter auch hysterisches Irresein fällt, und die Zustände der Willens- und Bewußtlosigkeit wie alle Schlafzustände.

Beim Vorliegen dieser Fälle bestimmt das Gesetz entweder eine mildere Strafe oder schließt eine solche ganz aus, ebenso wie in den Fällen, in welchen ein Zurechnungsfähiger eine That begeht, welche ihm nicht zugerechnet werden kann, z. B. eine That im höchsten Affekt, im verzeihlichen Irrtum, im Notstand oder unter unwiderstehlichem Zwange.

Erst dann und blos dann, wenn der Mensch psychisch so frei ist, daß er seinen Willen beliebig nach außen projicieren kann, ist er verantwortlich d. h. im Besitze der Selbstbestimmungsfähigkeit.

Auf die Frage der Möglichkeit derselben näher einzugehen, liegt außerhalb meines Themas.

Vorstehende Bemerkungen haben lediglich den Zweck, dem Leser dieser Abhandlung den prinzipiellen Standpunkt klar zu legen, von welchem aus leicht beurteilt werden kann, wie sich die in folgenden Kapiteln näher bezeichneten Delikte, bei welchen Hypnose und Suggestion die wichtigste Rolle spielen, zu den strafrechtlichen Grundsätzen über Verantwortlichkeit des Menschen verhalten.

Das Versetzen in Hypnose.

(Hypnotisieren.)

Die eingehenden Untersuchungen der Schule von Nancy ergeben, wie schon erwähnt, daß die Hypnose ein Schlafzustand ist, welcher vom normalen Schlafe sich durch den Tiefegrad, die gesteigerte Suggestibilität (Beeinflußbarkeit) und den Rapport mit dem Hypnotiseur unterscheidet, mag dieser Schlaf nun erzeugt sein durch Sinnesermüdung oder Erweckung der Schlafsvorstellung, d. h. die Hypnose ist ein Zustand der Bewußtlosigkeit, in welchem dem sich Hypnotisierten die Möglichkeit der freien Willensentschließung und die Verfügungsfreiheit über seine geistigen wie körperlichen Kräfte genommen ist.

Mit dieser Erklärung stimmen alle Hypnotiker ausnahmslos überein. Demgemäß aber ist das Versetzen in Hypnose ein Berauben des Wachbewußtseins und der Möglichkeit der freien Willensentschließung — ein Versetzen in den Zustand vollständiger physischer und psychischer Unfreiheit, so daß damit der objektive Thatbestand des Vergehens wider die persönliche Freiheit nach § 239 R.-St.-G.-B. gegeben und das widerrechtliche Hypnotisieren darnach strafbar ist.

Nach Ansicht bedeutender jur. Autoren, wie Olshausen, Merkel, Liszt, Oppenhoff, Schwarze u. a., sowie auch des Reichsgerichts (R.-G.-E. VI S. 231) wird in § 239 nur die Verhinderung der Bethätigung des in der Richtung nach Bewegungsfreiheit schon gefaßten Willensentschlusses inkriminiert, da es sich hier nur um die Wahl des Aufenthaltsortes handeln könne. Es wäre demnach ein Begriffsmerkmal der Freiheitsberaubung gem. § 239, daß das Deliktsobjekt die Bewegung zur Zeit der Hemmung bethätigen wollte, d. h. es wäre, da ein sich bewegen Wollen vorausgesetzt wird, die Beraubung der Freiheit eines Menschen nicht denkbar, wenn demselben zuerst die Möglichkeit dieses Wollens genommen wird. Daß mit der Freiheitsberaubung in § 239 nur die Beraubung der Freiheit in der Wahl des Aufenthaltsortes gemeint sei, schließt das Reichsgericht hauptsächlich daraus, daß die Worte „oder auf andere Weise" des Gebrauches der persönlichen Freiheit beraubt, neben die Worte „einen Menschen einsperrt" gesetzt sind. (R.-G. R. II, 346 R.-G.-E. VI, 231, VII, 259.) Ich halte diese Gesetzesinterpretation für verfehlt, weil sie zu eng ist, denn es besteht gar kein Grund, dem allgemeinen und klaren Ausdruck „oder auf andere Weise" u. s. w. in solch förmlich willkürlicher Weise diese beschränkte Bedeutung zu geben, da ja doch offenbar das Wort „einsperrt" nicht eine Begriffserklärung der in § 239 bedrohten Freiheitsberaubung überhaupt geben will und kann, sondern ebenso wie in vielen analogen Fällen einfach eine besonders häufig vorkommende Spezies anführt, während dem Richter im Übrigen durch das „oder auf andere Weise" möglichst freier Spielraum in der Anwendung des § 239 gewährt werden solle. — Eine Ansicht, welche ich in einer andern Reichsgerichtsentscheidung (R.-G.-E. II S. 292) und bei Lilienthal geteilt finde.

Allgemein wird die Betäubung, worunter ja auch zweifellos das Hypnotisieren fällt, als Mittel der Freiheitsberaubung anerkannt, jedoch nur in dem oben angeführten beschränkten Sinne.

Meines Erachtens wäre es ein großes Unrecht, nur die Verhinderung der Bethätigung des auf Bewegungsfreiheit gerichteten Entschlusses gem. § 239 zu strafen, nicht aber auch die Beraubung der Willensentschließungsfreiheit, also der Möglichkeit überhaupt zu wollen, obwohl doch Letzteres das Wichtigere und die Bedingung des Ersteren ist. Die Beraubung der Freiheit in der Willensentschließung ist gewiß die Beraubung der persönlichen Freiheit, wie sie intensiver nicht gedacht werden kann, und soll nur deswegen nicht unter § 239 subsummiert werden können, weil sie nicht nur den Körper, sondern zunächst und hauptsächlich die Psyche ergreift, als ob die Beraubung der psychischen Freiheit nicht zugleich auch die der persönlichen wäre.

Die Verwandlung des natürlichen Schlafes in einen hypnotischen, welche nach Bernheim, Berger und Forel auch bei Personen, die noch nie hypnotisiert worden sind, sehr leicht möglich ist, dürfte jedenfalls nicht als Freiheitsberaubung erachtet werden, da der natürliche Schläfer, ebenso wie der hypnotische sich im Zustande physischer und psychischer Unfreiheit befindet, somit eines Gutes nicht beraubt werden kann, welches er nicht besitzt.

Wenn das Hypnotisieren als Freiheitsberaubung gem. § 239 St.-G.-B. strafbar sein soll, so ist zunächst noch weiter erforderlich, daß das Objekt ein Mensch sei; denn daß unter den Worten „einen Andern" nur ein menschliches Wesen verstanden werden kann, ist in Theorie und Praxis längst unbezweifelt.

Diese Bemerkung ist nicht überflüssig, seitdem es mehreren Experimentatoren bes. Czermak gelungen ist, Tiere, z. B. Pferde, Frösche u. s. w. zu hypnotisieren. —

Zur Strafbarkeit der Freiheitsberaubung ist ferner erforderlich das Moment der Widerrechtlichkeit, welches regelmäßig ausgeschlossen ist bei vorliegender Einwilligung dessen, welcher, seiner Freiheit beraubt, hier hypnotisiert werden soll.

Diese Einwilligung kann als eine stillschweigende nur dann präsumiert werden, wenn konstatiert ist, daß der Hypnotisierte wohl wußte, was mit ihm geschehen soll, und welches die Folgen des Hypnotisierens sind. Hier kommen wir auf die Frage, ob alle Menschen hypnotisierbar seien, und ob jemand auch wider seinen Willen hypnotisiert werden könne. Die erste Frage wird verschieden beantwortet. Liébeault brachte von seinen Versuchspersonen 92% in Hypnose, während dies Bernheim nur bei 80% und Moll bei 75% gelang, von welchen wiederum nur beiläufig der 6. Teil in den tiefsten Grade, in Somnambulie zu bringen war.

Das Richtigste wird wohl sein, was Prof. Preyer in Berlin in Bezug hierauf sagt, daß es nämlich keinen Menschen gebe, von dem man behaupten könnte, er sei außer Stande, einen andern zu hypnotisieren oder er sei schlechterdings nicht hypnotisierbar; es gebe keinen Menschen, der nicht in höherem oder niedrigerem Grade suggestibel wäre und bei jedem steige die Suggestion im hypnotischen Zustande ins Ungemessene[7]). Ebenso äußert sich auch Prof. Forel: „Die Hypnotisierbarkeit eines Menschen hängt weniger davon ab, daß derselbe für solcherlei disponiert ist, als daß der Hypnotiseur mit besonderer diesbezüglicher Geschicklichkeit, Erfahrung und mit gründlichen psychologischen und physiologischen Kenntnissen ausgerüstet ist".[8])

---

[7]) und [8]) Deutsche Dichtung IX. Heft 5 (1890).

Dies gilt auch hinsichtlich der Beantwortung der zweiten Frage, ob ein Mensch wider Willen hypnotisiert werden könne.

Zur Zeit geht die allgemeine Meinung dahin, daß dieses regelmäßig nicht der Fall sei. Diese Regel erleidet aber, wie Bernheim, Liégeois u. a. konstatierten, viele Ausnahmen und trifft bei Personen, die öfters schon hypnotisiert worden und somit zur Hypnose disponiert sind, gar nicht zu. Auch hier gibt die größere oder geringere Suggestibilität, auf welche ja alles ankommt, und nicht, wie immer angenommen wird, die Willensschwäche oder Willensstärke eines Menschen den Ausschlag.

„Es gibt sehr willensstarke Menschen, sagt Dr. Forel, die zugleich sehr suggestibel sind und sehr willensschwache, die es nicht sind, weil sich augenblicklich Gegenvorstellungen gebildet haben. Suggestibel ist vor allem derjenige, der sich alles leicht plastisch vorstellt" [9]).

Wenn ein Mensch wider seinen Willen hypnotisiert werden soll, so tritt die von außen auf ihn eindringende Suggestion des Schlafes in Kampf mit der von dem Objekte selbst erweckten Autosuggestion, nicht schlafen bezw. das nicht zu wollen, was der Hypnotiseur will; es ist ein Kampf der Vorstellungen, der Autosuggestion mit der Fremdsuggestion, in welchem eben die stärkere siegt.

Darum ist es ebenso unrichtig zu behaupten, ein Mensch sei gegen seinen Willen überhaupt nicht hypnotisierbar, wie zu sagen, es können keinem wider seinen Willen die Hände gefesselt werden. — Entscheidend ist die größere Kraft, hier die der Muskeln d. h. die physische, dort die der Vorstellungen d. h. die psychische.

Häufiger als eine Hypnose wider Willen wird eine solche ohne Willen des Objektes vorkommen, da hier die suggerierte Schlafsidee nicht auf eine ihr entgegengesetzte Vorstellung stößt, sondern sofort Alleinherrscherin im Gehirne und dadurch Beherrscherin des Organismus wird.

Wenn man sich die Macht der Einbildung und den ganzen psychologischen Vorgang, wie eine Idee im Gehirne recipiert wird und dann auf das Nervensystem wirkt, vergegenwärtigt, so erscheint es nicht so ganz unbegreiflich, wie es Liégeois gelingen konnte, Personen auf weite Entfernungen durch Telephon oder einen Brief zu hypnotisieren.

Zur Strafbarkeit der Freiheitsberaubung ist auch erforderlich, daß sie dolose begangen wird, d. h. mit dem Wissen, daß durch die betreffende Handlung ein Mensch seiner persönlichen Freiheit beraubt wird und mit dem Willen, diesen Erfolg herbeizuführen. Eine fahrlässige Freiheitsberaubung ist nicht strafbar.

---

[9]) l. c.

Es ist kaum wahrscheinlich, daß ein Hypnotiseur die nächste Folge seines Handelns, den Schlaf, nicht kennt, weshalb auch ein fahrlässiges Hypnotisieren nicht leicht praktisch vorkommen mag.

Erwähnenswert ist an dieser Stelle auch ein Fall, welcher vor zwei Jahren bei dem Landgerichte Nürnberg zur Verhandlung kam. Der Kommis Leonhard Putz von Nürnberg hatte, als er im Café Orient daselbst weilte, versucht, die ihn bedienende Kellnerin dadurch zu hypnotisieren, daß er sie aufforderte, ihm anhaltend ins Auge zu schauen, wodurch dieselbe in einen schlafähnlichen Zustand versetzt wurde, aus welchem sie aber bald wieder erwachte. Später wiederholte sie dies auf eine Aufforderung des Leonhard Putz hin, worauf bei ihr abermals ein Zustand der Ermattung eintrat, in welchem sie sich noch bis zum nächsten Zimmer schleppen konnte, woselbst sie jedoch so fest einschlief, daß sie von den nach einiger Zeit herbeigekommenen Wirtsleuten nicht geweckt werden konnte. Der dann herbeigerufene praktische Arzt Dr. Goldschmidt fand die Kellnerin wie leblos daliegend, jedoch ruhig atmend; verschiedene Belebungsversuche, wie Zuführung künstlichen Atems, Druck auf die Halsnerven u. s. w., blieben aber erfolglos, jeder Hautreiz blieb vergebens, erst nachdem der Arzt ihr mit der Hand über das Gesicht gestrichen und die Suggestion beigebracht hatte: „Wach auf!" erwachte die Kellnerin mit den Worten: „Ist der Mann mit den schrecklichen Augen noch da?" Zu erwähnen ist, daß die Kellnerin, welche nach ihrer Erklärung damals vom Hypnotismus keine Ahnung hatte, einige Zeit nach dem Vorfalle den Hypnotiseur ersuchte, sie wieder einzuschläfern. Eine Vorgängerin dieser Kellnerin hat, wie die Zeugenvernehmung ergab, mit großem Vergnügen sich hypnotisieren lassen und schilderte das bei ihr hiedurch erweckte Gefühl als sehr angenehm und wohlthuend.

Der Staatsanwalt beantragte nach Verhandlung dieses Falles Bestrafung des Angeklagten wegen Freiheitsberaubung gem. § 239 St.-G.-B. Das Gericht erkannte aber auf Freisprechung, weil es sich hatte nicht überzeugen können, daß der Angeklagte im Bewußtsein der Widerrechtlichkeit seines Handelns hypnotsiert habe, denn derselbe habe der Meinung sein können, daß der Kellnerin die Folgen des Hypnotisierens wohl bekannt waren, da er ja im Beisein dieser Kellnerin schon öfters hypnotische Experimente angestellt und diese seiner Aufforderung freiwillig entsprochen habe. (Mangel der Widerrechtlichkeit bei präsumierter stillschweigender oder auch ausdrücklicher Einwilligung.)

Das Hypnotisieren kann auch in gewissen Fällen unter den Begriff der Körperverletzung gestellt werden d. i. unter den Begriff der Zufügung eines körperlichen Mißbehagens, Störung des körperlichen Wohlbefindens, welche auch durch psychische Einwirkung hervorgerufen werden kann.

In diesem Falle wäre das Hypnotisieren nach der Rechtsprechung des Reichsgerichts (E. II. S. 442) auch dann strafbar, wenn der Hypnotisierte einwilligte.

Hier wird die Verschiedenheit der Theorien für die Praxis höchst bedeutsam.

Die Pariser Schule und ihre Anhänger, zu welcher viele deutsche Hypnotiker wie Prof. Dr. Mendel und Dr. Ewald in Berlin, Dr. Grützner in Tübingen und Dr. Kahler in Wien zählen, halten den hypnotischen Schlaf für einen durchaus pathologischen Zustand, die einen für Hysterie, wie Charcot, Richer, Brouardel und Gilles de la Tourette, andere, wie die oben genannten deutschen Ärzte für eine akute Geisteskrankheit, welche viel weniger durch die beobachteten Symptone als durch die Ursache ihres Entstehens, durch die künstliche Hervorbringung, sich von den übrigen Geisteskrankheiten absondern lasse.

Gilles de la Tourette nennt die Hypnose die wahre Offenbarerin der Hysterie oder anderer Nervenkrankheiten und findet auch wie viele andere, daß ein völlig gesunder Mensch überhaupt nicht hypnotisierbar sei, so daß demgemäß durch die Hypnose nicht eine Nervenkrankheit neu geschaffen, sondern eine vorhandene verstärkt und dadurch zur Wahrnehmung gebracht würde.

Die notwendige Konsequenz einer jeden dieser Theorien ist die, daß das Hypnotisieren eine Körperverletzung involvieren muß; der Richter dürfte also nicht zuerst untersuchen, ob das Hypnotisieren in einem gegebenen Falle störend auf das körperliche Wohlbefinden des Hypnotisierten wirkte, sondern es wäre die Körperverletzung, wenn Hypnose erzeugt ist, durch eine praesumtio juris et de jure konstatiert, weil ja Hypnose ohne Erzeugung körperlichen Mißbehagens oder Vergrößerung des vorhandenen Mißbehagens undenkbar wäre.

Diesen Theorien diametral entgegengesetzt ist die Theorie der Schule von Nancy und der bedeutendsten deutschen Hypnotiker, wie Forel, Krafft-Ebing, Moll und du Prel. Nach diesen ist die Hypnose regelmäßig nicht im geringsten pathologischer Natur, keine Form von Hysterie oder Verrücktheit; zur ihrer Erzeugung ist nicht eine krankhafte Prädisposition, wie offene oder versteckte Hysterie oder sonstige Neurose, eine notwendige Bedingung, sondern sie ist bei geistig, wie körperlich völlig Gesunden erzeugbar, wie der normale Schlaf und ebenso unschädlich wie dieser, ja meist wohlthuend und erquickend. Dieses haben insbesondere Liébeault, Bernheim, Beaunis und Forel durch unzählige Experimente bewiesen. Notwendige Voraussetzung dieser Unschädlichkeit ist aber, daß nur durch Verbalsuggestion und mit strenger Berücksichtigung der physischen und psychischen Verfassung der Versuchsperson hypnotisiert werde, was nur einem Arzte möglich ist, der ebenso gründlich gebildeter Psychologe wie Physiologe ist. Die Schädlichkeit oder Unschädlichkeit des Hypnotisierens hängt ganz von den hiezu angewendeten Mitteln ab. Prof. Dr. Beaunis in Nancy gibt genaue Vorschriften wie hypnotisiert werden müsse, damit das Objekt keinen Schaden nehme: Man schläfere niemand ohne Zustimmung ein, man untersuche vorher genau den Nervenzustand und die Blutzirkulation, man belehre die Person, daß das Hypnotisieren keinerlei Gefahr bringe; zeigt die Person Besorgnis, so lasse man ab und warte auf eine andere Gelegenheit, man mache Niemand Suggestionen ohne vorherige Zustimmung und vermeide jede traurige, schmerzliche, unangenehme oder gar schreckliche Eingebung. —

Moll sagt (Seite 207): „Niemals sah ich, daß jemand nervös wurde, den ich lediglich mit Worten hypnotisierte und dem ich keinerlei erregende Suggestion machte", und bestreitet ganz entschieden, daß hysterische Kämpfe erzeugt werden.

Auch Krafft-Ebing spricht sich aus, daß Gefahr nur dann vorliege, wenn der Laie oder unerfahrene Arzt hypnotisiere: „Von einem Schaden konnte ich nie etwas bemerken, wenn in individuell passender und technisch vollkommen richtiger Weise vorgegangen wurde; es bedarf eines nicht geringen Maßes von psychiatrisch, neurologischer Bildung, von Erfahrung und technischer Schulung, wenn obige Bedingungen erfüllt sein sollen. In dieser Hinsicht steht die Hypnose den Anforderungen nicht zurück, welche an den Chirurgen gestellt werden müssen" [10]). —

Auch Dr. Schmidkunz in München sagt in seinem Werke über Suggestion (S. 106), daß die hypnotischen Erscheinungen normal seien und ungewohnte gesteigerte Bestandteile eines das alltägliche Leben durchdringenden, manigfaltigen systematischen Ganzen, nämlich des Suggestionismus im Sinne des Inbegriffes aller Suggestionen und suggestiven Zustände.

Wie Moll und Forel in Übereinstimmung mit der Schule von Nancy ausdrücklich konstatierten, ist der gesunde Mensch am besten zu hypnotisieren und bietet bei diesem die Hypnose den besten Erfolg, während der hysterische viel weniger suggestibel ist.

Ebenso entschieden, wie alle diese Gelehrten für die prinzipielle Unschädlichkeit des Hypnotisierens eintreten, ebenso rückhaltlos anerkennen sie auch die Schädlichkeit und Verwerflichkeit des Hypnotisierens nach jedem andern als dem oben bezeichneten Verfahren. Das Faszinieren der Sinne durch Fixierenlassen glänzender Punkte, Anschreien, Erschrecken u. s. w. ist ein reiner Gewaltakt mit schädlichen Folgen. Obwohl dieses sog. physikalische Verfahren von allen Hypnotikern als schädlich erwiesene und erkannt worden ist,

---

[10]) Deutsche Dichtung Bd. IX. Heft 10. 1891.

so wird dasselbe doch immer noch von Laien und Ärzten vorzugsweise angewendet und zwar aus dem einfachen Grunde, weil diese die ungefährliche Art des Hypnotisierens durch Suggestion als Einwirkung auf die Psyche mangels psychologischer Kenntnisse nicht verstehen; nur sollten sie dann aus der Thatsache der Schädlichkeit ihres Verfahrens nicht den falschen allgemeinen Schluß ziehen, daß das Hypnotisieren überhaupt schädlich sei.

Ich kann es mir nicht versagen, die Gefährlichkeit unverständigen Hypnotisierens an einem Falle zu zeigen, welcher im „Centralblatt für klinische Medizin Nr. 47, 1891", mitgeteilt ist.

Ein Herr, der sich der Unterhaltung wegen zu hypnotischen Versuchen hergegeben hatte, wurde durch einen vorgehaltenen Diamantring erfolgreich hypnotisiert. Bei der dritten Hypnose (alles in derselben Sitzung) bekam er heftige Krämpfe und kataleptische Anfälle und fiel vom Stuhle. An den beiden folgenden Tagen wiederholten sich dieselben; der Mann jammerte und schrie fürchterlich und war toll, wenn er einen glänzenden Gegenstand, wie Spiegel und ähnliches sah; man mußte ihn in eine Polsterzelle bringen; er hatte schreckliche Hallucinationen und wurde tobsüchtig; der Arzt konnte ihn erst nach mehrtägiger Behandlung beruhigen, aber nach 20 Tagen verfiel er ab und zu wieder in Lethargie.

Solche und ähnliche Fälle, welche leider häufig genug sind, bilden die Grundlage zu der Verurteilung des Hypnotismus in öffentlichen Vorträgen nach Art des Prof. Mendel in Berlin und Prof. Ziemssen in München (siehe dessen Rede auf dem oberbayerischen Ärztetage in München 1889).

Bezugnehmend auf die oben mitgeteilten Vorschriften des Dr. Beaunis führt Dr. Edgar Bérillon, der Herausgeber der revue de l'hypnotisme, weiter aus: „Wenn ein Experimentator an diesen Regeln streng festhält, dabei zugleich die physiologischen und ärztlichen Kenntnisse besitzt, die für solche wissenschaftliche Untersuchungen nötig sind und ferner damit genügend Takt und Klugheit verbindet, was in so delikater Angelegenheit besonders unentbehrlich ist, so ist er vor allen Gefahren, welche man so oft dem Hypnotismus zuschreibt, sicher; aber freilich wird man ebensowenig ohne Vorbereitung und Schulung Hypnotiseur, wie man ohne dies etwa ein Augenarzt werden kann. Wir haben vielfach Gelegenheit gehabt, uns zu vergewissern, daß die Meisten derjenigen, welche Mißerfolg und unglückliche Zufälle bei ihrem hypnotischen Verfahren erlebt haben, dieses ausschließlich ihrem Mangel an richtiger Methode, ihrer Unerfahrenheit und Ungeschicklichkeit zu verdanken haben. Unter den Händen eines ungeschickten, unwissenden oder brutalen Menschen ist natürlich die Anwendung der Hypnose ebenso gefährlich, wie es arzneiliche Gifte, Digitalis und Opium sind."

Nach allen diesen Ausführungen wird, glaube ich, nicht mehr

viel Zweifel darüber bestehen können, welche Stellung die Hypnose in ihrem Verhältnisse zur Körperverletzung einnimmt, daß nämlich die von Verschiedenen aufgestellte Praesumtio unrichtig ist und der Richter der Körperschädigung bei vorliegender Hypnose nicht als „wissenschaftlich feststehend“ annehmen darf, sondern in jedem einzelnen Fall den Nachweis der diesbezüglichen Folgen der Hypnose erwarten muß. Ist eine dieser Folgen eingetreten, so ist zu prüfen, ob die Körperverletzung eine vorsätzliche oder fahrlässige ist.

In jedem Falle tritt sie in Idealkonkurrenz mit der Freiheitsberaubung und, da bei dieser gemäß § 73 St.-G.-B. immer die Strafe desjenigen Gesetzes zur Anwendung kommt, welches die strengere Strafbestimmung enthält, so ergeben sich in unserem Falle verschiedene Variationen.

Im Falle der einfachen vorsätzlichen Körperverletzung (§ 223) konkurrierend mit einfacher Freiheitsberaubung (§ 239) ist das Hypnotisieren zu inkriminieren gemäß § 239 als dem strengeren Gesetze; sollte sich dagegen das Hypnotisieren darstellen als ein Vergehen der Körperverletzung mit Anwendung eines besonders gefährlichen Mittels, als eine das Leben gefährdende Behandlung oder als hinterlistiger Überfall d. i. ein plötzlicher unvermuteter Angriff, welcher die Absicht des Thäters erkennen läßt, dem Gegner die Möglichkeit des Vorhersehens nnd Abwehrens dieses Angriffs zu nehmen (R.-G.-E. II. 74 Annalen II, 21 und IV, 19) so bestimmt sich die Strafausmessung nach § 223a als dem strengeren Gesetze, da hier das Strafminimum 2 Monate Gefängnis ist.

Tritt durch das Hypnotisieren eine der in § 224 bezeichneten Folgen ein, d. h. verliert der Hypnotisierte das Sehvermögen, Gehör, die Sprache, die Zeugungsfähigkeit oder wird er in erheblicher Weise dauernd entstellt oder verfällt er in Siechtum, Lähmung oder, Geisteskrankheit, so ist die That nach § 239 Abs. 2 zu beurteilen, wornach die Freiheitsberaubung mit diesen Folgen, ebenso wie, wenn sie über eine Woche gedauert hat, was beim hypnotischen Schlafe leicht möglich ist, mit Zuchthaus bis zu 10 Jahren bestraft wird, während in § 224 Zuchthaus nur bis zu 5 Jahren angedroht ist. Anders dagegen, wenn durch die mit Freiheitsberaubung verbundene Körperverletzung eine der oben bezeichneten Folgen beabsichtigt und eingetreten ist; dann hat die für Körperverletzung bestimmte Strafe gemäß § 225 in Anwendung zu kommen, weil diese die strengere ist. — Hat das widerrechtliche Hypnotisieren den Tod eines Menschen zur Folge, dann unterliegt es der Beurteilung gemäß § 239 Abs. 3, wornach nur auf Zuchthaus nicht unter 3 Jehren erkannt werden kann, während in § 226 neben Zuchthaus nicht unter 3 Jahren wahlweise Gefängnis nicht unter 3 Jahren angedroht ist, sodaß die Strafe in § 239 Abs. 3 als die strengere erscheint. Ebenso ist bei mildernden Umständen im Falle des § 223a die darauf angedrohte Strafe milder ist als diejenige gemäß § 239 Abs. 1, weil dort neben Gefängnis auch wahlweise Geldstrafe angedroht ist, während im übrigen bezüglich der mildernden Umstände und des Versuchs die oben angeführten Bestimmungen zur Anwendung zu kommen haben. War die erfolgte Tötung eines Menschen durch die Hypnose beabsichtigt, so ist die Handlung Totschlag oder Mord und unterliegt den hiefür geltenden Gesetzen.

Im Falle fahrlässigen Handelns ist eine Idealkonkurrenz der Körperverletzung mit der Freiheitsberaubung ausgeschlossen, da eine fahrlässige Freiheitsberaubung nach unserem Gesetze nicht bestraft wird. —

Verbrechen an Hypnotisierten.

Der hypnotische Schlaf wird von Charcot in drei Tiefegrade eingeteilt:

1) in Katalepsie, Zustand der Analgesie und Anästhesie, Unbeweglichkeit, der passiven Gliederstellung und körperlichen Starrheit, wobei die Sinne noch erregungsfähig bleiben und die Suggestion der automatischen Bewegung aufgenommen und ausgeführt wird.
2) Lethargie, der Zustand völliger Erschlaffung; die Sinne nehmen gar keinen Eindruck mehr auf, außer daß die Muskeln auf Druck mit Kontraktur reagieren.
3) Somnambulie, fälschlich stets Somnambulismus genannt, in welcher die Sinne wieder erwachen und zur höchsten Empfindlichkeit gesteigert werden; es ist ein dem Wachbewußtsein ähnliches Bewußtsein vorhanden, sog. somnambules Bewußtsein, vermöge dessen Suggestionen von außen schnell und leicht percipiert und zur Idee verarbeitet werden, so daß in dem Somnambulen beliebig Illusionen erzeugt und Sinnesempfindungen hervorgerufen werden können. — Außer dieser Suggestibilität ist ein besonderes Charakteristikum der Somnambulie die meistens vollständige Erinnerungslosigkeit nach dem Erwachen (Amnesie).

Diese Dreiteilung der Hypnose ist nicht allgemein anerkannt; Liébeault unterscheidet 6 Stufen, Bernheim 9, Moll 3 mit anderer Analyse u. s. w. Es wird kaum behauptet werden können, daß Eine von allen die einzig richtige sei; im allgemeinen haben sie aber alle die Unterscheidung Charcots zur Grundlage und umschreiben dieselbe bloß mehr oder weniger.

Selbstverständlich kann der im Zustande der Hypnose des einen oder anderen Grades befindliche Mensch das Objekt eines

Deliktes sein, wie ein anderer, es kann ein rechtswidriger Angriff auf dessen Eigentum, Leben, körperliche Unversehrtheit, Ehre u. s. w. gemacht werden, ohne daß dies im allgemeinen etwas Besonderes wäre, ausgenommen die im folgenden näher zu betrachtenden Fälle.

Wenn das Strafgesetz von Zuständen der Willen- oder Bewußtlosigkeit spricht, so begreift es darunter alle jene Zustände, in welchen ein Mensch das Wachbewußtsein und Selbstbewußtsein und damit die Willensfähigkeit verloren hat.

Mit Bezug auf die Hypnose ist hier zu bemerken, daß im ersten Grade derselben zweifellos Bewußtsein vorhanden ist, der Hypnotisierte weiß, was mit ihm geschieht und in seiner Umgebung vor sich geht, nur die Willensthätigkeit ist unfreier geworden aber nicht gelähmt.

Anders bei dem Zustande der Lethargie, wo alle selbständigen Willensregungen insbesonders das willkürliche Hervorrufen von Vorstellungen gänzlich unmöglich gemacht ist; von einem Bewußtsein und Vorstellungsleben zeigt sich keine Spur. So Charcot, Bernheim, Liégeois, Forel und alle anderen bedeutenderen Hypnotiker außer Moll und Krafft-Ebing, welche aus einigen Zeichen, wie Erwachen auf Befehl, auf das Vorhandensein eines Bewußtseins schließen zu müssen glauben, doch wird auch von diesen die Willenlosigkeit in der Lethargie nicht angezweifelt.

Mag man nun der einen oder anderen Ansicht sein, jedenfalls ist in diesem Zustande das Bewußtsein in der Art erheblich gestört, daß die Voraussetzungen zur Annahme der Bewußtlosigkeit im Sinne des Strafgesetzes genügend gegeben sind, denn darunter ist, wie Moll richtig bemerkt, nicht der gänzliche Mangel an Bewußtsein, der ja wohl juristisch wie philosophisch sehr selten zu beweisen wäre, zu verstehen, sondern eine äußerlich wahrnehmbare Bewußtseinsstörung.

Am interessantesten wird dies bei hypnotischen Somnambulen, welche den Anschein erwecken, als wären sie ganz normale Menschen, da sie im Gebrauche ihrer Sinne, scheinbar ihrer Denk- und Willenskraft stehen, scheinbar selbstthätig sprechen und handeln und Bewußtsein und Willensvermögen haben. Sind solche hypnotisch Somnambulen willen- oder bewußtlos im Sinne des § 176 Z. 2 oder § 177 St.-G.-B., wornach der außereheliche Beischlaf mit einer in einem willenlosen oder bewußtlosen Zustande befindlichen bezw. in einen solchen zu diesem Zwecke versetzten Frauensperson mit Zuchthaus bestraft wird? Lilienthal hält die Somnambulen nicht für willenlos oder bewußtlos in diesem Sinne und deshalb den Vollzug des außerehelichen Beischlafes mit einer Somnambulen nicht für strafbar, und zwar mit Rücksicht auf den Wortlaut des Gesetzes, welches nicht unterscheidet zwischen Wachbewußtsein und somnambulen Bewußtsein.

Wegen der Suggestibilität solcher Personen und deren gewöhnlicher lebhaften Zuneigung zum Hypnotiseur sei Verführung und die freiwillige Hingabe derselben sehr wohl denkbar und auch nicht mehr strafbar als die listige Verführung einer normalen mehr als 16jährigen Frauensperson. Diese Gesetzesinterpretation ist meines Erachtens unzweifelhaft viel zu eng, zu wörtlich und der Moral ebensowenig wie der Intention des Gesetzgebers entsprechend.

Forel, welcher die psychologische Seite des Hypnotismus gerade bezüglich der Frage des Bewußtseins nicht weniger gründlich als dessen physiologische Seite behandelt, tritt der Auffassung Lilienthals entschieden entgegen: „Der sprechende Somnambule mit seinen offenen Augen ist de facto ebenso widerstandslos als der nur scheinbar bewußtlose Lethargische". Der Gesetzgeber verstand unter Willen- und Bewußtlosigkeit nichts anderes, als einen vom Wachbewußtsein d. h. dem Wissen um sich selbst und die umgebenden Umstände, verschiedenen Zustand; er dachte z. Zt. der Normierung unserer Strafgesetze nicht an ein hypnotisches somnambules Bewußtsein und hätte dieses mit dem wachen sicher nicht gleichgestellt. Daß neben dem normalen Wachbewußtsein die Möglichkeit eines anderen in neuerer Zeit erst von der medizinischen Wissenschaft anerkannt worden ist, kann daran nichts ändern, daß der Gesetzgeber in den angezogenen Bestimmungen eben jeden anderen als den Wachzustand besonders schützen wollte.

Es wäre auch kein vernünftiger Grund dafür einzusehen, warum die in Somnambulie befindliche Frauensperson, welche, vermöge ihrer besonderen Suggestibilität, ein willenloses Werkzeug in der Hand des Hypnotiseurs und für ihr Thun und Handeln gänzlich unzurechnungsfähig ist, sowie nach dem Erwachen aus diesem Zustande nicht die leiseste Ahnung von den Vorgängen während desselben hat, weniger geschützt sein sollte als irgend eine schlafende oder ohnmächtige Frauensperson. Die Ansicht Lilienthals erscheint um so eigentümlicher, als die meisten Strafrechtstheoretiker, darunter auch Liszt, H. Meyer, Oppenhoff, das „willenlos" im Sinne des § 276_2 und 277 ungemein weit interpretieren und Willenlosigkeit schon annehmen, wenn die Mißbrauchte ihren Willen nicht äußern bezw. nicht geltend machen konnte, und er, Lilienthal, selbst in seinem Buche [Seite 114] von Willenlosigkeit der hypnotischen Somnambulen im Rechtssinne spricht.

Ein Fall, den Bellanger in le magnétisme, vérités et chimères de cette science occulte (Paris 1854), Gilles de la Tourette und Lilienthal erzählen, wird die Unhaltbarkeit der Ansicht des letzteren klar machen. „Fräulein v. L., die Tochter einer reichen Familie aus dem südlichen Frankreich, begann im Alter von 21 Jahren an Nervenanfällen zu leiden und es entwickelte sich bald ein hysterisches Leiden, dessen Heftigkeit allen Heilungsversuchen trotzte.

Ein junger Arzt, Dr. X., behandelte sie schließlich mit Hilfe des Magnetismus und es gelang ihm allmählich, die hysterischen Anfälle zu vermindern und endlich ganz verschwinden zu lassen.

Das Fräulein verheiratete sich später mit einem ungeliebten Manne, welcher sein ausschweifendes Leben auch während der Ehe fortsetzte, ohne daß seine Frau, welche ihm ein Kind geboren hatte, sich sehr darüber zu erregen schien.

Doch ihre Nervenanfälle kehrten bald zurück, sie begab sich wiederum in die Behandlung des Dr. X. Die magnetische Behandlung blieb anfänglich wirkungslos und es entwickelte sich bei der nunmehrigen Frau v. B. eine ausgesprochene Hysterie. Dr. X. gelang es jedoch, jeden hysterischen Anfall in eine ruhige und friedliche Somnambulie zu verwandeln.

An das, was in solchen Anfällen vorging, hatte Frau v. B. keine Erinnerung. In ihrem somnambulen Zustand gestand sie dem Dr. X. die Liebe, welche sie für ihn zu fühlen begonnen hatte, und dieser wurde während ihres somnambulen Lebens ihr Geliebter. — Im Laufe einer längeren Abwesenheit des Gatten wurde sie schwanger und obwohl sie im somnambulen Zustande sich ihrer Lage bewußt war und sich über dieselbe wenig Sorge zu machen schien, konnte sie während des Wachens die mit ihr vorgegangene körperliche Veränderung nicht erklären und verlangte von Dr. X. allerlei Mittel gegen ihre vermeintliche Krankheit. Als sie über ihren Zustand nicht mehr im unklaren bleiben konnte, verfiel sie in Geistesstörung, glaubte, daß der Teufel sie nachts heimsuche und ließ sich während ihres Schlafes bewachen.

Sie gebar endlich ein Kind, welches jedoch nur wenige Tage lebte. Man mußte sie jetzt in eine Heilanstalt bringen, sie glaubte sich von bösen Geistern verfolgt und machte beständig Anstrengungen, um ihre Reize deren verhaßten und widerlichen Angriffen zu entziehen. — Dr. Bellanger sagt darauf: Frau v. B. war immer unschuldig, nur die Somnambule in ihr war schuldig; Frau v. B. mußte in Wahrheit für eine andere leiden und die Strafe für ein Vergehen erdulden, das sie nicht einmal begreifen konnte. — Endlich wurde sie geheilt. Ihre Anfälle verschwanden und es war weder von Magnetismus noch von Somnambulie ferner die Rede. Den Dr. X. sah sie erst nach einigen Jahren wieder und ahnte niemals, daß dieser der Held des Abenteuers gewesen, dessen Opfer sie geworden war."

Dr. X. würde meines Erachtens strenge Verurteilung verdient haben und wohl jeder Richter würde in dem Verhalten desselben den Mißbrauch eines willen- und bewußtlosen Zustandes sehen. — Lilienthal würde ihn freisprechen.

Daß solche somnambulen Personen sich nicht im normalen Wachzustande befinden, ist deutlich zu erkennen aus deren eigentümlichem Benehmen und Auftreten, aus deren im Folgenden weit er zu betrachtenden Suggestibilität und besonders aus der Amnesie nach dem Erwachen, worin eben die streng markierte Grenzscheide zwischen den beiden Zuständen liegt.

Wir haben hier den Beweis für das Doppel-Ich, welches juristisch ebensowenig wie psychologisch nach einer Schablone beurteilt werden darf.

Der willen- und bewußtlose Mensch ist nach unserem Strafgesetze gegen widerrechtliche Angriffe nicht mehr geschützt als der wache, eine Ausnahme bilden nur die Frauenspersonen in Bezug auf ihre geschlechtliche Integrität, und dies mit gutem Grunde. Wie groß die Gefahr des geschlechtlichen Mißbrauches für willen- und bewußtlose Fraauenspersonen ist, zeigt sich in specie gerade daraus, daß weit aus die meisten der an Magnetisierten und Hypnotisierten begangenen Delikte eben Geschlechtsdelikte sind, wie die bei Bernheim, Liégeois und Gilles de la Tourette angeführten Beispiele zeigen. —

Ein 18jähriges Mädchen besuchte Ende November 1852 fast täglich einen Heilmagnetiseur in Marseille, um sich von demselben von irgend einer Krankheit heilen zu lassen. Anfangs April 1853 fühlte sie sich schwanger und erhob Klage zu Gericht gegen den sie behandelnden Magnetiseur, weil dieser sie während ihres magnetischen Schlafes ohne ihr Wissen und Willen mißbraucht habe.

Das Gericht erholte ein Gutachten von dem damals höchst berühmten Direktor der medizinischen Schule in Marseille, M. Coste, und von dem Chirurgen daselbst, Croquier, darüber, ob eine Frauensperson gegen ihren Willen im magnetischen Zustande defloriert und geschwängert werden, d. h. ob deren Wille durch Magnetismus ganz oder teilweise gelähmt werden könne. Beide Sachverständige bestätigten dann, daß eine Frauensperson im magnetischen Schlafe den Beischlaf an sich vollziehen lassen könne, ohne daß ihr Wille oder Bewußtsein teil daran habe.[11]).

In einem ähnlichen Prozesse anno 1865 geben 5 bedeutende Ärzte von Toulon ein allgemeines Gutachten dahin ab, daß man durch sog. „manoeuvres magnétiques“ auf ein junges Mädchen solchen Einfluß ausüben könne, daß dessen moralische Freiheit vernichtet werde, und daß man mit einem solchen im magnetischen Schlafe befindlichen Mädchen intime Beziehungen anknüpfen könne, von welchen es keine Bewußtsein habe, daß dadurch dessen Sensibilität sehr abgestumpft und der Wille genügend gelähmt werden könne, so daß es auch außerhalb des magnetischen Schlafes nicht

---

[11]) Liégeois l. c. S. 338.

die notwendige moralische Freiheit habe, um sich einem intimeren Zudrängen des Magnetiseurs zu widersetzen oder wissentlich demselben zuzustimmen.[12])

Eine Person kann auch dadurch Objekt einer Deliktshandlung sein, daß sie im Zustande der Hypnose seitens des Hypnotiseurs unter Zuhilfenahme der Suggestion zu einer Handlung, Duldung oder Unterlassung genötigt wird.

Ich halte es für einen Gewaltakt im Sinne des § 240 St.-G.-B., wenn jemand widerrechtlich hypnotisiert wird und in der Hypnose einer Suggestion, einem Befehle förmlich mit dem Zwange der unwiderstehlichen Gewalt gehorchen muß.

Das eigenartigste Merkmal der Hypnose ist, wie später genauer ausgeführt werden wird, die Suggestibilität des Hypnotisierten, welche es dem Hypnotiseur ermöglicht, seinem Objekte alle denkbaren Handlungen, Duldungen und Unterlassungen anzubefehlen und die Ausführung dieses Befehles während oder nach der Hypnose zu erzwingen — der hypnotische und posthypnotische Befehl.

Die durch solchen Befehl beeinflußten Personen realisieren denselben einem unwiderstehlichen Drange folgend, von welchem sie sich keine Rechenschaft geben und nur durch Ausführung des suggerierten Befehles befreien könne — sie werden durch unwiderstehliche Gewalt genötigt und sind, nachdem auch das Reichsgericht diese als Mittel der Nötigung anerkannt hat, Objekte des in § 240 inkriminierten Deliktes, wobei der Hypnotiseur, welcher mit der in § 240 bezeichneten Absicht die hypnotische Suggestion als Mittel benützt, als der Thäter erscheint.

Auch zur Strafbarkeit dieses Deliktes wird Widerrechtlichkeit und zwar nach R.-G.-E. I. S. 5 der Gewaltanwendung (hier der Suggestion) vorausgesetzt; notwendig ist aber nicht, daß die erzwungene Handlung, Duldung oder Unterlassung ein Gesetz veletzt; sollte dieses der Fall sein, dann würde dem Thäter (Hypnotiseur) nicht nur das Vergehen der Nötigung, sondern auch das weitere mit diesem konkurrierende Delikt zugerechnet werden müssen.

Wie notwendig es ist, daß der Mensch nicht allein gegen widerrechtliches Hypnotisieren, sondern auch gegen widerrechtliche Suggestionen geschützt werde, erhellt genügend aus den unzähligen Experimenten, wornach die Versuchsobjekte die exorbitantesten und naturwidrigsten Geschichten an sich gefallen lassen oder selbst vornehmen mußten, wie da sind das Trinken ekelerregender Salzlösungen als Zuckerwasser, Essen von Zwiebeln und rohen Kartoffeln als Birnen, Riechen von Ammoniak als Eau de Cologne, sich brennen und stechen lassen u. s. w. Sehr instruktiv ist, was Forel erzählt:[13])

---

[12]) Liégeois l. c. S. 514, 515.

[13]) Forel, Der Hypnotismus S. 148.

„Ein Mädchen, das ich seit Jahren als ungeheuer schamhaft kannte, indem es bei den harmlosesten ärztlichen Untersuchungen (Brust z. B.) sich verzweifelt wehrte und aufregte, war zugleich eine äußerst suggestible Somnambule. Sie hatte z. Zt. jedoch nicht die geringste Verbindlichkeit mir gegenüber und auch keine Anstellung oder dergl. von mir zu erhoffen. Ich riet Herrn Höfelt, sie aufzusuchen und sie dazu zu bestimmen, sich von mir in seiner Gegenwart hypnotisieren zu lassen. Sie willigte darin ein. In der Hypnose gab ich ihr nun die Suggestion, sich vollständig bis über den Nabel vor diesem fremden Herrn und in meiner Gegenwart zu entblößen, was sie auch sofort, ohne Zögern, ohne die Spur eines Affektes zu zeigen, that. Ich war selbst darüber verblüfft. Wäre ich nicht absolut sicher ihrer completen Amnesie gewesen, so hätte ich bei ihr dieses Experiment nie gewagt, denn sie wäre in Verzweiflung geraten. Ich habe überhaupt dieses Experiment nur mit großem Widerwillen und der Sache zu lieb gethan, denn derartige Experimente grenzen an das Unerlaubte. Andererseits muß doch Licht in die Frage kommen.

Herr Prof. Delboeuf wird mir sagen, daß hundert Mädchen dieses auch beim Bewußtsein thäten. Doch eben nur eine gewisse Cathegorie Mädchen. In diesem Falle kannte ich das Mädchen und dessen soliden, schamhaften Charakter seit Jahren sehr genau, sonst hätte ich auch dem Experimente keinen Wert beigelegt. Daß ich eine andere Hypnotisierte sofort bestimmte, Herrn Höfelt eine kräftige Ohrfeige zu applicieren, beweist viel weniger".

Alle diese Personen, welche in der Hypnose den oben beispielsweise angeführten Befehlen gehorchen müssen, wären wahrscheinlich im wachen Zustande um keinen Preis zu den bezeichneten Duldungen und Handlungen zu bewegen gewesen; die Ursache dessen, daß sie dennoch zu bewegen waren, ist eben die Nötigung durch die Suggestion und dagegen schützt sie unser Gesetz in § 240.

Es kann übrigens auch jemand zu einer Duldung oder Unterlassung durch das Hypnotisieren allein, ohne Hinzutreten der hypnotischen Suggestion genötigt werden, da das Wesen der Nötigung hauptsächlich in einer Einwirkung auf die Freiheit der Willensbethätigung besteht. In wie weit letzteres bei der Hypnose zutrifft, ist bereits im vorigen Kapitel erörtert worden.

Das hypnotische Verbrechen.

Darunter versteht man eine Verbrechenshandlung, welche von einem Menschen unter dem Einflusse einer verbrecherischen hypnotischen oder posthypnotischen Suggestion verübt wird.

Das hypnotische Verbrechen kann nur begriffen werden unter der Voraussetzung eines gründlichen Verständnisses der Suggestion, welche in vier Arten unterschieden wird: in, wie schon früher bemerkt, Auto- und Fremdsuggestion, und in Wachsuggestion und hypnotische oder posthypnotische Suggestion.

Die Wachsuggestion d. h. die Beeinflussung des Vorstellungslebens eines wachen Menschen durch einen andern, ist eine tagtägliche Erscheinung im privaten und öffentlichen Leben und spielt auch eine nicht kleine Rolle vor dem Strafgerichte.

Jeder in der Gerichtspraxis Thätige weiß, wie sehr eine bestimmte Vorstellung, mag sie nun von außen hervorgerufen oder spontan entstanden sein, die in optima fide gemachte Zeugenaussage zu Gunsten oder Ungunsten eines andern beherrscht; wie oft suggeriert der Richter oder Staatsanwalt in der zu vernehmenden Person eine falsche Vorstellung durch eindringliches Fragen und Zureden nach einer gewissen Richtung, was besonders häufig bei Vernehmung von Kindern und erschrockenen Frauenspersonen vorkommt. Diese haben vor Gericht ihre eigene Vorstellung manchmal völlig verloren, können einer ihnen aufgedrängten Idee nicht Widerstand leisten und acceptieren diese als ihre eigene; — die suggerierte Idee wird zur Überzeugung. Bekannt ist ja auch, wie der Staatsanwalt und Verteidiger sich in die Überzeugung von der Schuld bezw. Unschuld eines Angeklagten hineinleben und andere für ihre Auffassung gewinnen, mag diese dem objektiv Denkenden, welcher nicht in den Bankreis derselben hineingezogen ist, noch so unmöglich erscheinen, und dies alles nur aus dem Grunde, weil der Staatsanwalt bezw. Verteidiger durch die Auffassung seines Berufes eine demselben entsprechende Pflicht übernommen und zum Zwecke der leichteren Erfüllung dieser Pflicht sich eine bestimmte Idee suggeriert hat, eine Idee, welche so mächtig ist, daß Andere ihr entgegentretende Hemmungsvorstellungen zurückgedrängt werden, ferner, weil die Äußerung dieser Idee in den Zuhörern die nämliche Vorstellung eeweckt, welche je nach ihrer von der rhetorischen Begabung des Redners abhängigen Macht die Gegenvorstellungen ganz oder teilweise unterdrückt.

Welch wichtige Rolle die Autosuggestion im Wachen bei Kindern und hysterischen Frauenspersonen, die bekanntlich oft an die Wahrheit ihrer eigenen Lügen glauben, spielt, geht aus mehreren bei Liégeois und Bernheim mitgeteilten Beispielen hervor.

Die Wirkung der Idee, Einbildung — Suggestion — kann jeder täglich beobachten.

Die Vorstellung von ekelerregenden Dingen bewirkt häufig Erbrechen, die Vorstellung einer Lebensgefahr wirkt erschreckend und sinnverwirrend, (Beispiel „der Reiter und der Bodensee"), die Ernerung an ein gräßliches Ereignis erregt Schauern, der Anblick ines blutigen Mordmessers Gruseln. —

Hack Tuke berichtet, daß er 100 Patienten einst Zuckerulver gegeben und sie in die Meinung versetzt habe, dasselbe sei n Brechmittel, worauf sich 80 davon erbrachen.

Ein befreundeter Arzt erzählte mir, daß er einer Person arbolsäure unter die Nase gehalten und in ihr den Glauben rweckt habe, dieses sei Chloroform, worauf diese Person nach rzer Zeit in tiefe Chlorose verfallen sei.

Unvergleichlich größer ist die Macht der Einbildung und Vorellung in dem Gehirne einer in Hypnose sich befindlichen Person. ie Willenskraft und die Kraft der eigenen Vorstellung ist gebwächt oder gar gelähmt, das Gehirn des Hypnotisierten nimmt lle auf dasselbe wirkenden Eindrücke quasi vorbehaltlos auf, und ie eingepflanzte Idee wird „der Impuls zur Handlung".

Mit anderen Worten:

Die von außen kommende Idee wird vom Gehirne des Hypnoiſierten aufgenommen und je nach dem größeren, geringeren oder änzlich mangelnden Widerstande der vorhandenen oder erweckten egenvorstellung ganz oder teilweise zur eigenen gemacht. Das urch die Idee in Bewegung versetzte Gehirn bringt diejenigen ierven in Erregung, welche diese Idee nach außen zu projicieren estimmt sind. —

Ungemein ausführlich und gründlich ist die ganze Suggestionsehre behandelt in den Werken: „de la suggestion dans l'état ypnotique et dans l'état de veille" (1884) und: „hypnotisme, uggestion, psychothérapie (1891) von Bernheim und „die Suggestion" von Dr. Schmidkunz. —

„Nous avons tous une certaine creditivité, sagt Bernheim, ui nous porte à croire ce qu'on nous dit, une certaine locilité cérébral, qui nous porte à obéir aux ordres reçus. Dites à quelqu'un: „Vous avez une mouche sur le front" Machinalement il porte la main au front: Peut-être même entira-t-il une frigûre. Dites à quelqu'un: „Donnez-moi la nain"! Il la donne ou du moins il ébauche un premier nouvement, qui tend à cet acte." —

Dieser Automatismus des Gehirnes wird regelmäßig im Wachustande durch das Vernunfturteil neutralisiert: Die Transormation der Eindrücke in Handlungen wird vom bewußten Willen geregelt. —

Durch wiederholtes Hypnotisieren wird die Suggestibilität ns Ungemessene vergrößert, sodaß sich hier der bekannte Satz des Dr. Beaunis bewahrheitet: „Au fond l'automatisme est absolu et le sujet ne conserve de spontanéité et de volonté que ceque veut bien lui en laisser son hypnotiseur; il réalise dans le sans stricte du mot, l'idéale célèbre: il est comme le bâton dans la main du voyageur."

Von Kennern der Hypnose wird längst nicht mehr bestritten, daß der Hypnotisierte die meisten hypnotischen und posthypnotischen Befehle pünktlich ausführt und zwar auch solche, welche der Lebensgewohnheit und dem Charakter desselben direkt widersprechen, wobei der Ausführende sich manchmal bewußt ist, daß er einem unbegreiflichen inneren Drange gehorchen müsse, oft aber die feste Überzeugung hat, daß er so handle, weil er es selbst so wolle, sich demnach für frei hält, ohne es zu sein (siehe Beispiele bei Moll).

Dr. Albert Eulenburg, Professor der Nervenpathologie in Berlin, sagt bezüglich der hypnotischen Suggestion, es sei auch für den zu vorsichtiger Skepsis geneigten ärztlichen Beobachter wohl unzweifelhaft, daß der Hypnotiseur einen fast unbegrenzten und auch nachhaltigen Einfluß auf das Seelenleben einer der Suggestion unterworfenen Person zu gewinnen vermöge. Ähnlich Dr. Grützner in Tübingen[14]): „Daß es sog. posthypnotische Suggestionen gibt, steht für mich außer allem Zweifel fest, habe ich doch selbst viele Fälle beobachtet, in denen die betreffenden Personen der festesten Überzeugung waren, freiwillig dieses oder jenes zu thun, während sie lediglich nur die ihnen im hypnotischen Schlafe erteilten Befehle ausführten."[15])

Einen sehr hübschen Vergleich bringt Dr. Siegm. Exner, Professor der Physiologie in Wien: „Wie der aus dem natürlichen Schlafe Erwachende, so hat auch der aus dem hypnotischen noch gewisse Erinnerungen in sich und fühlt diesen oder jenen inneren Drang in sich. — Wie ein Mensch, der gegen Morgen von den erquickenden Frühlingsdüften u. s. w. geträumt hat, sich sagt, ich will doch wieder einmal einen Morgenspaziergang machen."[16])

Während alle Kenner des Hypnotismus über die Suggestibilität der Hypnotisierten überhaupt einig sind, gehen deren Ansichten sehr weit auseinander bezüglich der Frage, ob einem Hypnotisierten mit Erfolg ein Verbrechen suggeriert werden könne.

Gilles de la Tourette, Binet et Feré, Delboeuf, Dr. Brouardel, Professor der gerichtlichen Medizin an der Universität in Paris, Binswanger in Jena und Kahler in Wien sprechen sich dagegen aus, während Bernheim, Beaunis, Liégeois, Bérillon, Moll, Forel, Lilienthal, du Prel und Andere die Möglichkeit des hypnotischen Verbrechens mit aller Entschiedenheit behaupten und zwar auf Grund von tausend experimentellen Feststellungen. Diese experimentell bewiesenen Thatsachen

[14]) Deutsche Dichtung, Band X.

[15]) eod.

[16]) eod.

werden zwar von den oben genannten Gegnern auch nicht bestritten, jedoch wird dagegen eingewendet, diese Verbrechen im Laboratorium seien ausschließlich Scheinverbrechen, welche keinen Kern des Ernstes in sich tragen, sie seien bloße Komödien, da ja der Hypnotisierte sehr wohl wisse bezw. empfinde, daß seine Verbrechensinstrumente nur ungefährliche Gegenstände sind und bei dem ganzen Vorgange niemand ein wirkliches Verbrechen beabsichtigt. Wenn ein wirkliches Verbrechen begangen werden sollte, so würden die nötigen Hemmungsvorstellungen die Verbrechensidee sofort unterdrücken, ausgenommen bei ohnehin schon zu diesen Deliktshandlungen geneigten Personen, von welchen also kein Widerstand gegen eine solche Zumutung zu erwarten sei.

Es ist Thatsache, wie Bernheim, Beaunis und Andere selbst zugeben, daß nicht alle hypnotischen Somnambulen reine Automaten sind und viele den suggerierten Befehlen Widerstand entgegenbringen. Die Stärke desselben gegen Verbrechenssuggestionen richtet sich jedoch nach der Suggestibilität des Objektes überhaupt, aber auch unzweifelhaft nach dessen Charakter; denn es ist klar, daß ein verkommener Mensch eine Verbrechensidee schneller und mit größerer Bereitwilligkeit recipiert als eine sittlich unbescholtene und sehr gewissenhafte Person. Das Hauptmoment jedoch bildet immer die Art und Weise, wie die Verbrechensidee in das Gehirn des Hypnotisierten eingepflanzt wird, und hier lehrt die Erfahrung, daß eine eingehend motivierte und dadurch selbstverständliche erscheinende Suggestion ohne oder nur mit sehr geringem Widerstande aufgenommen und dann mit förmlicher Raffiniertheit ausgeführt wird. Erwiesenermaßen können in dem Hypnotisierten Sinnestäuschungen, Erinnerungstäuschungen und alle Arten von Empfindungen, insbesondere Liebe und Haß, Eifersucht und Rachsucht erzeugt werden und zwar gelingt dies einem geschickten Hypnotiseur bei jeder Versuchsperson, wenn er nur deren physische Verfassung, Charakterschwächen, „Neigungen und Leidenschaften genau kennt und dieselben auszunutzen versteht".

Wenn der Hypnotiseur seinem Objekte den Befehl gibt, zu einer gewissen Stunde sich zu dem H. zu begeben und dort dessen Uhr zu stehlen, so wird diese Suggestion auf Widerstand stoßen, welcher sich nicht zeigt, wenn jener in dem Objekte durch Erinnerungstäuschungen die Vorstellung erweckt, der H. habe demselben eine ihm, dem Objekte eigentümlich gehörige Uhr heimlich entwendet und sei eben im Begriffe, dieselbe zu veräußern, er solle sehen, daß er dieselbe sich wieder verschaffe, was ihm leicht möglich werde, wenn er zu einer gewissen günstigen Stunde hingehe und sein Eigentum unbemerkt hole. Durch die suggerierte Vorstellungstäuschung wird der Hypnotisierte in bonam fidem versetzt und trotz aller sonstigen Ehrlichkeit der Ausführung dieser Suggestion nicht viel Bedenken entgegen bringen.

Wenn der Hypnotiseur seinem Objekte befiehlt, den H. zu erschießen, so wird die Ausführung dieses einfachen Befehles viel weniger wahrscheinlich sein, als wenn er in ihm die Empfindungen des Hasses, der Rachesucht und Eifersucht dadurch erweckt, daß er ihm suggeriert, der H. habe seine Frau verführt und sinne nun auf seine (des Objektes) heimliche Beseitigung, wogegen er sich nur dadurch schützen könne, daß er dem H. durch listige Vergiftung zuvorkomme, denn auf gerichtlichen Schutz könne er wegen Mangel an Beweisen nicht rechnen.

Solche Gefühle, deren Macht nicht von ihrer Berechtigung abhängt, können auch jeden normalen Menschen zu Verbrecher machen.

Je wahrscheinlicher, eindringlicher und psychologisch verständiger die Suggestion gemacht wird, desto wahrscheinlicher wird die Ausführung derselben.

Schon aus diesen psychologischen Thatsachen ergibt sich die Unrichtigkeit der das hypnotische Verbrechen negierenden Behauptungen; aber auch die Einrede, daß die experimentell erwiesenen hypnotischen Verbrechen als bloße Scheinthaten gar nichts beweisen, ist nicht stichhaltig, da sich aus verschiedenen hypnotischen Verbrechen im Laboratorium auf die Möglichkeit eines ernstlichen schließen läßt.

Dr. Masoin trug in der Sitzung der belgischen Akademie der Medizin vom 25. Febr. 1888 folgenden Fall vor: Ein Hypnotiseur in Brüssel gab seinem Objekte den posthypnotischen Befehl: „Morgen Montag werden Sie in der rue Bosquet in das Haus Nr. 88 und dort in ein Zimmer eintreten, in welchem ein Bett steht. In diesem Bette liegt ein Mann, es ist dies der König von England; neben dem Bette steht ein Waschtisch, auf welchem ein Revolver liegt. Sie werden denselben ergreifen und 3 Schüsse auf diesen Mann im Bette abgeben.“ Zur bestimmten Stunde kam nun der Hypnotisierte und that, wie ihm befohlen; natürlich war der Revolver blind geladen.

Gleich nach der That kam der Pseudomörder wieder in den Vollbesitz seiner Geisteskräfte. 20 Personen waren in dem betreffenden Zimmer zur Beobachtung dieses Vorganges anwesend und sahen das Erstaunen des Mannes, der in einem fremden Arbeitszimmer erwachte, mitten in einer Versammlung von Menschen, von denen ihm keiner bekannt war.

Es ist nicht anzunehmen, es sei dieser Mann sich bewußt gewesen, daß das ganze nur ein Experiment, eine „Komödie“ war, und zweifellos hätte er auf den Mann im Bette den Revolver ebenso abgeschossen, wenn derselbe auch scharf geladen gewesen wäre.

Ganz ähnlich folgender Fall:

Ein Apotheker, namens Focachon, gab einem gewissen A. den posthypnotischen Befehl, seinem, des A., Kameraden Z., gegen welchen er ihm Eifersucht suggeriert hatte, Schwefelsäure ins Gesicht zu schütten, um ihn zu entstellen. Nach dem Erwachen aus der Hypnose bat der Hypnotisierte den Apotheker, ihm etwas Schwefelsäure zu geben, er brauche solche, um ein altes Metallgefäß damit zu putzen. Focachon erklärte, daß er ihm nach dem Gesetze Schwefelsäure nicht geben dürfe, wodurch sich aber der andere nicht abschrecken ließ, noch inständiger darum zu bitten, Focachon kenne ihn ja und wisse, daß er keinen Mißbrauch damit treibe. Focachon ließ sich bewegen und gab ihm ein Fläschchen mit Wasser und mit der Etiquette: „Acide sulfurique, poison". Unterdessen war der vermeintliche Nebenbuhler des Hypnotisierten verabredetermaßen ins Zimmer getreten. A faßte mit seiner rechten Hand die Rechte des Z., zog mit der Linken das Gift aus der Tasche und schüttete es demselben ins Gesicht mit den Worten: Tiens — voilà ce que tu mérites. — Einige Augenblicke später war seine Psyche wieder in normaler Verfassung, er hatte nicht das geringste mehr gegen Z und erinnerte sich auch gar nicht mehr an das Drama, dessen Held er war.

Zweifellos hätte A dem Z auch wirkliche Schwefelsäure ebenso gut ins Gesicht geschüttet, wie das unschädliche Wasser.

Wenn es auch richtig ist, daß Personen, die schon hypnotisiert worden sind, wegen dieser Präparation viel leichter solch gefährlichen Suggestionen zugänglich sind, als andere, so läßt sich daraus doch nicht der Schluß der Wirkungslosigkeit solcher Suggestionen bei nicht Präparierten ziehen, wie vielfach geschieht, sondern nur derjenige der geringeren Wahrscheinlichkeit.

Für unseren Zweck jedoch genügt die Constatierung der einfachen Möglichkeit.

Auch Dumontpallier in Paris anerkennt jetzt die criminelle Suggestion. Dr. Laurent gibt in Nr. 30 V. Jahrgang von archives de l'autropologie criminelle et des sciences pénales die Möglichkeit zu, Verbrechen, wie Urkundenfälschung, Diebstahl, Testamentserschleichung, Entführung, Mord u. s. w. posthypnotisch begehen zu lassen, ebenso wie Geburten im hypnotischen Zustande durchzuführen und dabei Kinder unterzuschieben — dies sei nicht in Zweifel zu ziehen, wohl aber dies, daß der Thäter unentdeckt bleibe.

Dieser sonst so skeptische Verfasser verbürgt folgenden Fall:

Ein Stud. med. schwängerte seine Cousine, konnte oder wollte sie aber nicht heiraten und machte ihr in der Not den Vorschlag eines abortus durch hypnotische Suggestion. Das Mädchen willigte mit Freuden ein. Der Studiosus versetzte es in hypnotischen Schlaf und machte ihm die Suggestion, es werde zu einer gewissen Zeit heftige Lendenschmerzen sowie ihre Periode wiederbekommen und dabei werde das abgehen, was er ihr ungeschickter Weise in den Leib gebracht.

Am bestimmten Tage und zur bestimmten Stunde bekam das Mädchen seine Periode wieder, und damit ging ein zweimonatlicher Fötus ab.

Wenn wir nun wissen, daß die Einbildung im Wachen körperliche Veränderungen wie Gefäßerweiterungen, Nervenirritationen, Muskelkontrakturen u. s. w., im Traume wirkliche Schmerzen und in der Hypnose organische Veränderungen wie Brandwunden, stigmatische Blutungen und Erregung der unwillkürlichen Muskeln erzeugen kann, so erscheint dieser abortus durchaus nicht unbegreiflich.

Voraussetzung des Verständnisses der künstlichen Somnambulie ist die gründliche Kenntnis der natürlichen Somnambulie, welche in weitern Kreisen nur unter einer Erscheinungsform, nämlich der des Nachtwandelns bekannt ist. Ich verweise denjenigen, welcher sich hierüber belehren will auf Dr. du Prels bis jetzt einzig in seiner Art dastehendes Werk: „Philosophie der Mystik". Gilles de la Tourette sagt, daß es wohl niemanden gebe, welcher noch nie am Morgen sich fragen hörte: „Warum haben Sie heute Nacht so gestikuliert und laut gesprochen"?, während er selbst davon keine Ahnung hat", und fährt dann fort: „Si nous avions mis en action véritable ce rève dont nous ne nous souvenons plus, le somnambulisme le plus pur avec oubli au réveil, aurait été constitué."

Ebenso Deleuze: Wenn ein Schlafender auf die Frage, ob er schlafe, antwortet „ja" dann ist er Somnambule[17]).

„Tout le monde sait, que certaines personnes marchent, parlent et agissent pendant le sommeil et que lorsqu'elles sont éveillées, elles no conservent aucun souvenir de ce qu'elles on fait; on donne à ces personnes le nom de somnambules". —

Deleuze beschreibt dann die künstliche Somnambulie und die Abhängigkeit des Somnambulen von seinem Magnetiseur, ebenso wie schon i. J. 1839 J. Ricard in seinem cours théorique et practique: „Le somnambule peut parler et agir comme dans l'état de veille . . . . il est assez soumis à la volonté de son magnétiseur . . . . . il arrive qu'il n'est plus qu'une machine pour ainsi dire automatique . . . . la pensée que comprend et éxecute le sujet.

Im Zustande des natürlichen Schlafes werden nicht selten unter dem Einflusse einer impulsiven Traumvorstellung Deliktshandlungen begangen, wie folgende Beispiele zeigen.

---

[17]) Kap. V. Seite 88, ff.

Ein durchaus ehrliches Mädchen wurde wegen Diebstahls ver-
ıftet. Da man im Gefängnisse bald merkte, daß sie Somnam-
ıle sei, wurde sie von einem Arzte, der sie persönlich kannte, in
ınstlichen Schlaf versetzt. In diesem Schlafe erzählte sie nun auf
efragen, daß sie niemals den Gedanken gehabt habe, ihre Herrin
ı bestehlen, sondern es sei ihr einmal in der Nacht im somnam-
ılen Schlafe der Gedanke gekommen, gewisse Wertobjekte ihrer
errin in einem anderen Möbelstücke derselben sicherer zu verwahren,
elchen Gedanken sie auch ausgeführt habe mit dem Vorhaben, dieses
rer Herrin am nächsten Tage sofort mitzuteilen.

Da sie nun erinnerungslos aufwachte, daher diese Mitteilung
icht machen konnte, und ihre Herrin von diesem Schlafwandeln
ichts wußte, so konnte diese nur vermuten, ihr Stubenmädchen
ıbe diese Gegenstände entwendet, denn niemand anderer konnte
r Dieb sein. Der Untersuchungsrichter notierte sich alle Details
ieser Aussage, begab sich zu der Beschädigten und fand an dem
zeichneten Orte die vermißten Wertgegenstände, wodurch die Un-
huld der Angeklagten genügend erwiesen erschien und deren Außer-
rfolgungsetzung veranlaßt wurde. —

Die Therese Dig. . .,[18]) seit 40 Tagen Kindbetterin verließ in
r Nacht im somnambulen Schlafe das Bett, in welchem sie neben
rem Manne lag, trug ihr Kind aus dem Hause fort und stürzte
ch mit demselben in einem nicht sehr tiefen nahgelegenen Teich,
o sie durch die Kälte des Wassers aufgeweckt wurde, nachdem sie
eben ihren Säugling ertränkt hatte.

Ein 38 jähriger Mann namens Traser[19]) tötete im Traume
in Kind. Er erhob sich erschrocken plötzlich im Schlafe, sah das
aus in Feuer, die Mauer einstürzen und ein schreckliches Tier
uf ihn zudringen, gegen welches er sich verteidigen zu müssen
laubte, er schrie, ergriff alles, was in der Nähe war, um nach
emselben zu schlagen, faßte seinen Zimmergenossen, welchen er für
as schreckliche Wesen hielt, an der Gurgel; dann sah er ein großes
eißes Tier in das Zimmer fliegen hinter das Bett, in welchem
in Söhnchen schlief; er ergriff letzteres, welches er verteidigen
ollte, und warf es gegen die Wand auf das vermeintliche Tier.
as Schreien seiner Frau erweckte ihn und Traser geriet beim
nblick des Unheiles, das er angerichtet, fast in Verzweiflung.

Das Gericht nahm einen somnambulen Zustand an und
rach den wegen Tötung seines Kindes angeklagten Traser frei.

In allen diesen Fällen bewirkte die spontan auftretende fixe
dee die Lähmung der moralischen Freiheit und Hemmungsvor-
ellungen und realisierte sich in der angegebenen Weise. Wer wird

---

[18]) Liégeois l. c. 505.
[19]) Gilles de la Tourette l. c. S. 362, 382.

bezweifeln wollen, daß die nämliche Idee, welche hier so mächtig und verbrecherisch wirkte, nicht auch in gleicher Stärke hypnotisch suggeriert werden könne? Unstreitig hätte in Traser die gleiche Hallucination durch Fremdsuggestion erzeugt werden können, welche in diesem Fall durch Autosuggestion entstand. Die idée fixe impulsive ist in beiden Fällen gleich stark, verschieden ist nur die Art der Erzeugung derselben. „Es hat immer Verbrecher gegeben, sagt Eulenburg, welche im Bannkreise gewisser Vorstellungen lebten und handelten." „Es scheint im Wesen der Hypnose zu liegen, daß der Hypnotisierte bei hinreichender individueller Empfänglichkeit und hinreichender Stärke der geübten Suggestion zum willenlosen Automaten wird, der dem erhaltenen Befehle unbedingt folgen muß zum Guten oder Bösen, ganz gleich, ob dieser Befehl dahin geht, eine Thorheit, eine lasterhafte Handlung, ein Verbrechen zu begehen, und ob der suggerierte Vorstellungsinhalt zu den bisherigen Neigungen, zu dem Temperamente und Charakter des Beeinflußten den denkbar schroffsten Gegensatz bildet." So Eulenburg[20], ferner Krafft Ebing: „Es kann an dem Individuum in gewisser Stufe der Hypnose, wo es thatsächlich willenlos ist, ein Verbrechen begangen werden oder dasselbe vermöge sogenannter posthypnotischer Suggestion zum blinden Werkzeug eines Verbrecherwillens gemacht werden."[21]) Und Forel[22]): „Es gibt zweifellos eine Anzahl Somnambulen, die so kolossal beeinflußbar sind, daß sie fast absolut widerstandslos den Suggestionen des Hypnotiseurs geliefert sind. Diese sind es eben, die gefährliche Instrumente von Verbrechen, wie auch die besten Objekte solcher werden können."

Beispiele von Mordthaten, Urkundenfälschungen, Diebstählen, falschen Aussagen, Betrugshandlungen u. s. w., welche unter dem Einflusse der hypnotischen Suggestion im Experimentierzimmer begangen wurden, sind in reicher Fülle bei Liégeois, Bernheim, Lilienthal und du Prel mitgeteilt, sodaß ich um nicht zu weitläufig in meinen Citaten zu werden, einfach auf die einschlägigen Werke dieser Autoren verweisen muß.

In vorstehenden Ausführungen glaube ich genügend dargelegt zu haben, daß Delboeufs berühmtes Wort: „Evitons de souver une société qui ne court aucun danger" den Juristen nicht verleiten darf, die Möglichkeit des hypnotischen Verbrechens zu ignorieren, wodurch an manchem Menschen schweres Unrecht verübt werden könnte.

Allerorts werden allmählich die Richter aufmerksam auf diese

---

[20]) Deutsche Dichtung, Bd. X.
[21]) eod.
[22]) l. c. Seite 149.

neuentdeckte Art von Delikten, wie beispielsweise in Paris das Studium des Hypnotismus und der Suggestion durch den Proceß Eyraud Bompard bedeutend verallgemeinert wurde, ein Studium, welches eine große Erweiterung der speziell für den Richter so notwendigen psychologischen Kenntnisse zur Folge hat.

Anlangend die rechtliche Beurteilung der hypnotischen Verbrechen ist Folgendes zu bemerken:

In allen Fällen, in welchen ein Mensch im hypnotischen Zustande thätig ist, handelt er auch in einem Zustande, in welchem je nach dem Grade der Hypnose das Wachbewußtsein des Handelnden mehr oder weniger aufgehoben ist; ob dadurch seine freie Willensbestimmung für die spezielle That ausgeschlossen ist (R.-G.-E. V. 338) wie es § 51 St.-G. verlangt, ist quaestio facti und jedenfalls in allen Fällen der Somnambulie anzunehmen.

Demjenigen, welcher in der Hypnose eine Geisteskrankheit sieht, genügt § 51 ebenfalls, um den hypnotisierten Verbrecher für unverantwortlich zu erklären, da ja § 51 in dem Ausdrucke „krankhafter Störung der Geistesthätigkeit" alle Krankheitszustände begreifen wollte, welche die Geistesthätigkeit vorübergehend beeinträchtigen und an sich nicht zu den Geisteskrankheiten zu rechnen sind. (R.-G.-E. VII 425.)

Fraglich ist, ob auch Handlungen, die im Wachen unter dem Einflusse des posthypnotischen Befehles ausgeführt werden, nach § 51 beurteilt werden können.

Bernheim, Beaunis, Liégeois, Moll, du Prel und andere behaupten, daß die wache Person, sobald der posthypnotische Befehl in ihr zu wirken beginne, in Hypnose verfalle und in dieser dann den Befehl ausführe, d. h. daß die Erinnerung an die posthypnotische Suggestion hypnotisch wirke, sodaß die Deliktshandlung auch in diesem Falle im Zustande der Bewußtlosigkeit oder krankhafter Störung der Geistesthätigkeit begangen wurde.

In der That sprechen auch sehr viele Beispiele aus der Erfahrung für diese Annahme, jedoch ist auch konstatiert, daß solche Personen oft den posthypnotischen Befehl ausführen, völlig wach und mit dem klaren Bewußtsein, daß sie etwas thun, was sie selbst nicht wollen, wobei sie mit allen Kräften, wenn auch vergebens, dieser Suggestion widerstreben.

Hier ist allerdings die freie Willensbethätigung für die spezielle That auch ausgeschlossen, doch handeln diese Personen offenbar nicht in Bewußtlosigkeit oder Geistesgestörtheit, sondern unter dem Zwange der unwiderstehlichen Gewalt, welche dem hypnotischen Befehle zweifellos immer zuerkannt werden muß. Wie schon früher bemerkt, erfüllt die durch hypnotische oder posthypnotische Suggestion widerrechtlich anbefohlene Handlung, Duldung oder Unterlassung den Thatbestand eines Vergehens der Nötigung, mag diese Handlung u. s. w. eine erlaubte oder strafbare d. h. ein Verbrechen sein. Das Mittel dieser Nötigung ist die in § 52 angeführte unwiderstehliche Gewalt der Suggestion, sodaß die Absolvierung des Scheinverbrechers stets erfolgen muß, wenn nicht gemäß § 51, so doch nach § 52 St.=G.=B., wo es heißt: „Eine strafbare Handlung ist nicht vorhanden, wenn der Thäter durch unwiderstehliche Gewalt ...... zu der Handlung genötigt worden ist."

Beide Paragraphen statuieren die Straflosigkeit für die erwähnten Fälle nach den Grundsätzen über die strafrechtliche Verantwortlichkeit, welche beim Hypnotisierten ausgeschlossen ist, da dieser nicht mit Selbstbewußtsein Herr seiner Gehirnthätigkeit, sondern der Sklave der von seinem bewußten Willen unabhängig in ihm wirkenden Impulse ist.

Aus dem gleichen Grunde ist der Mensch auch nicht für seine Handlungen im Traume verantwortlich, selbst nicht wenn sie Folge verbrecherischer Tagesgedanken wären.

Gilles de la Tourette versuchte zwar eine Art Mitthäterschaft und Verantwortlichkeit des hypnotischen Verbrechers daraus zu konstruieren, daß er den Schluß zieht: wenn einem Menschen mit Erfolg verbrecherische Gedanken suggeriert werden können, so sei damit auch zugleich bewiesen, daß dieselben bezw. das verbrecherische Wollen schon in dem Menschen vorhanden waren. Diese Argumentation erinnert lebhaft an jenen römischen Kaiser, welcher einen römischen Bürger deswegen hinrichten ließ, weil derselbe geträumt hatte, er habe den Kaiser getötet; denn dieser Bürger, sagte der Kaiser, hätte einen solchen Traum nicht haben können, wenn er nicht Tags zuvor auf Ermordung des Kaisers gesonnen hätte.

Fast sämtliche Kenner der Hypnose treten dafür ein, daß die Hypnotisierten für ihre Handlungen unverantwortlich sind, weil der den Handlungsimpuls bildende Wille immer ein fremder und nie ihr eigener ist, was sich am deutlichsten dann zeigt, wenn sich der Handelnde der Unsinnigkeit oder Verwerflichkeit seines Thuns wohl bewußt ist, dasselbe nicht will und sich mit aller Kraft dagegen sträubt; aber doch so handelt, weil der ihm aufgedrängte stärkere fremde Wille ihn dazu zwingt.

„Ich weiß es ganz genau, sagte einer, der den verschiedensten Täuschungen unterworfen war, zu Dr. Moll, daß Sie über besondere magnetische Fähigkeiten nicht verfügen, ich weiß es ganz sicher, daß es meine eigene Einbildung ist, die mich willensschwach macht; meine eigene Einbildung zwingt mich, Ihren Befehlen zu gehorchen, aber ich kann nicht anders handeln."[23])

In gewissen Fällen könnte man vielleicht eine beschränkte Ver-

---

[23]) Moll l. c. Seite 125.

antwortlichkeit annehmen, wenn es eine solche nach unserem Gesetze gäbe.

Verantwortlicher Thäter, d. h. derjenige, welchem das hypnotische Verbrechen zugerechnet werden kann und muß, ist der Hypnotiseur und unterliegt deshalb der für die inkriminierte Handlung angedrohten Strafe; auf ihn finden die Bestimmungen über Anstiftung, Thäterschaft und Mitthäterschaft Anwendung. Der Hypnotisierte ist im Falle seiner Unverantwortlichkeit bloßes instrumentum delicti, analog dem Kinde und Wahnsinnigen. Es wäre leicht denkbar, daß jemand sich in Hypnose versetzen und in dieser sich verbrecherische Suggestionen geben läßt, lediglich um sich dadurch die Ausführung eines beabsichtigten Verbrechens zu erleichtern oder zu sichern, da er nicht den Mut hat, im wachen Zustande und bei klarem Bewußtsein diese That zu begehen. Hier ist zu fragen: Ist ein unter diesen Umständen begangenes Verbrechen dem Thäter zurechenbar oder nicht, kann der Strafrichter den beim Verfallen in Hypnose vorhandenen dolus ausdehnen auf den späteren Zeitpunkt der Deliktsausführung, also auf den Zustand der Bewußtlosigkeit und Willensunfreiheit? Ich möchte diese Frage entgegen der Entscheidung Lilienthals und der allgemeinen Ansicht verneinen. Es scheint mir ganz unrichtig zu sein, daß der Impuls zu dieser Verbrechenshandlung der eigene durch Fremdsuggestion verstärkte Verbrechenswille sei; vielmehr ist der beim Eintritt in die Hypnose vorhandene eigene Verbrechenswille durch die Hypnose, durch welche der Mensch ja willenlos wird, annulliert und durch den fremden, allerdings dem früheren eigenen ähnlichen Willen ersetzt worden; der Hypnotisierte gehorcht dem fremden Willen, weil er keinen eigenen hat, es kann demnach das thatsächlich Verursachte nicht zugleich auch das von ihm frei Gewollte sein, wie Lilienthal meint.

Zur dolosen Begehung wird vom Strafgesetze meines Erachtens unbedingt Bewußtsein und freier Wille bei Ausführung und Ausübung der strafbaren Handlung vorausgesetzt.

Wenn Lilienthal sagt: „Im Augenblicke des Entschlusses war die Selbstbestimmungsfähigkeit die normale und auch die Verursachung des eingetretenen Erfolges fällt in den Zeitraum der Zurechnungsfähigkeit, denn die Verursachung beginnt nicht erst mit der Ausführung der fraglichen Handlung selbst, sondern schon mit der Herbeiführung der Hypnose“, so ist das nicht ganz richtig, da die Verursachung des Erfolges nur dann als solche im Sinne des Strafgesetzes erachtet werden kann, wenn damit zugleich die erste Bedingung des Erfolges selbst gesetzt wird, z. B. Darreichen des Giftbechers, Abdrücken der Pistole u. s. w., nicht aber in unserem Falle Herbeiführung einer Hypnose, welche eine entfernte Vorbereitungshandlung ist, mit deren Abschluß die Zurechnungsfähigkeit und damit jede weitere Verantwortlichkeit des Hypnotisierten aufhören muß, da ja auch das Strafgesetz eine präsumierte Verlängerung einer nicht vorhandenen Zurechnungsfähigkeit nicht kennt.

Nach diesen Grundsätzen richtet sich auch die Beantwortung der Frage, ob der Hypnotisierte für ein unter dem Zwange der Suggestion ausgeführtes Verbrechen verantwortlich ist, wenn er sich mit Wissen und Willen hypnotisieren läßt, obwohl er annehmen konnte, daß er durch die hypnotische Suggestion als Werkzeug irgend eines oder auch eines bestimmten Verbrechens werde benutzt werden, was nach Lilienthal jedenfalls eine fahrlässige Begehung wäre.

Die am häufigsten vorkommenden hypnotischen Delikte, werden wohl Nötigung, Betrug durch Suggestion von falschen Erinnerungsbildern und retroaktiven, positiven und negativen Halluncinationen, Testamentserschleichungen, Geschlechtsverbrechen u. s. w. sein.

Die Suggestion kann auch als Verleiten strafbar werden in allen jenen Fällen, in welchen ein solches inkriminiert ist, wie in § 141 St.-G.-B. (Verl. zur Desertion), § 144 (z. Auswanderung), § 159 und 160 (z. Meineid), § 170 (zur Ehe durch Täuschung) § 179 (z. Beischlaf durch Täuschung), § 182 (z. Beischlaf durch Verführung), § 357 (Verl. eines Beamten zur strafbaren Handlung durch den Vorgesetzten). —

Größere Schwierigkeiten, als die Beurteilung des hypnotischen Verbrechens selbst, wird dem Richter der Beweis desselben machen. — Einerseits wird Hypnose und Suggestion ein beliebtes Verteidigungsmittel des schuldigen Delinquenten werden, wofür er selbst eigentlich nicht einmal den Beweis zu erbringen braucht, da der Richter sich im Strafproceß von Amtswegen von der wahren Sachlage Klarheit verschaffen muß, andererseits wird der Richter, wenn er auch in einem Falle ein hypnotisches Delikt vermutet, wohl schwer den Beweis hiefür finden können, aus dem einfachen Grunde, weil der Hypnotisierte selbst wegen der Erinnerungslosigkeit nach der Hypnose, wenig positive Angaben zu machen im stande sein wird, Zeugen der Verbrechenssuggestion kaum je vorhanden sein werden und ein Indizienbeweis bei dem fast ausschließlich inneren Vorgange einer solchen Suggestion auch nicht erbracht werden kann.

Doch werden bei sehr gewissenhaft geführter Untersuchung auch Umstände entdeckt werden, aus welchen der Richter mit Hilfe gründlicher psychologischer Kenntnisse sich eine subjektive Überzeugung schaffen kann.

Wenn der Hypnotiseur auch mit allen Künsten der Suggestion arbeitet, als da sind Befehl des erinnerungslosen Erwachens, des Glaubens an freie Willensthätigkeit, der Unmöglichkeit von einem andern Hypnotiseur hypnotisiert zu werden, so wird er doch so wenig wie jeder andere Verbrecher alle Eventualitäten einer Entdeckung voraussehen können, denn in demselben Maße, in welchem die Verbrecher im Kampfe gegen die Gesellschaft ihre Waffen schärfen, vervollkommnen sie auch naturgemäß die Verteidigungsmittel derjenigen, welche berufen sind, die menschliche Gesellschaft gegen ihre Angreifer zu schützen.

Ausgehend von dem Grundsatze: „Es gibt kein hypnotisches Verbrechen, das nicht auf hypnotischem Wege entdeckt werden könnte“ machen Liégeois und du Prel mehrere für Polizei und Gericht sehr wertvolle Vorschläge in dieser Beziehung.

Zunächst solle man den Angeklagten, wenn die Vermutung eines hypnotischen Verbrechens begründet sei, in Hypnose versetzen, um dadurch die Hypnotisierbarkeit des Angeklagten festzustellen. Lilienthal hält dieses Verfahren deswegen für nicht unzulässig, weil es auf der gleichen Linie mit der körperlichen Durchsuchung nach § 102 St.-P.-O. stehe und für den Betroffenen kaum so peinlich wäre, wie unter gewissen Umständen dieses.

Hier geht Lilienthal weit ab von der Wortinterpretation, an der er doch, wie wir früher gesehen, bezüglich der Willen- und Bewußtlosigkeit so sehr hängt. Das Versetzen in Hypnose ist doch kein Durchsuchen, worunter das Gesetz natürlich nur körperliches verstehen kann, denn ein Durchsuchen des Geistes durch Polizeiorgane gibt es nicht, abgesehen aber hievon, wäre mit dieser Procedur absolut nichts anderes festgestellt, als daß der Angeklagte in seiner gegenwärtig physischen und psychischen Verfassung von einem gewissen X. hypnotisiert werden kann, oder auch, daß dieses nicht möglich ist; man hätte jedoch nicht den geringsten Anhaltspunkt dafür gewonnen, ob diese Person in einer früheren Zeit und unter anderen Umständen von einem anderen Hypnotiseur hypnotisiert werden konnte oder nicht, da ja festgestelltermaßen das Gelingen der Hypnose und Suggestion fast allein abhängt von der Geschicklichkeit des Hypnotiseurs und der Art und Weise des Hypnotisierens.

Ein anderer, besonders von Dr. du Prel verteidigter Vorschlag ist folgender: Man solle den Angeklagten in Hypnose versetzen und durch Suggestion eine Darstellung des wahren Sachverhaltes seitens des Angeklagten selbst erzielen.

Dieser Vorschlag wird von Juristen, wie Liégeois und Lilienthal, sowie von Laien bekämpft, weil ein solches Verfahren eine moralische Tortur, eine moderne Folter zur Erzwingung eines Geständnisses wäre.

Auch ich bin keinen Augenblick im Zweifel darüber, daß ein solches Verfahren nach unserer gegenwärtigen Strafproceßordnung unzulässig wäre, da diese als Zwangsmittel gegen Verbrecher nur Festnahme, Detention, körperliche Durchsuchung und Confiskation kennt, unter welche die Hypnose nicht subsummiert werden kann, aber auch unzulässig nach dem Principe, daß kein Mensch zur Selbstanklage oder zu einem Geständnisse durch irgend ein Mittel genötigt werden dürfe. Doch hat Dr. du Prel auch nicht Unrecht, wenn er sagt: „Wer mit dem Dolche angefallen wird, kann nicht verpflichtet sein, zur Verteidigung bloß Weidenruten zu nehmen; der von dem Verbrecher bedrohten Gesellschaft kann nicht das Recht abgesprochen werden, jede dienliche Gegenmaßregel zu ergreifen.

De lege ferenda halte ich das Vernehmen hypnotisierter Angeklagter für ebenso zulässig wie die Haft, Detention, Durchsuchung und Confiskation, Maßregeln, welche alle nur bezwecken, unverdächtiges Beweismaterial für die Schuld des Angeklagten zwangsweise herbeizuschaffen; einen anderen Zweck und Erfolg könnte das Vernehmen eines hypnotisierten Delinquenten auch nicht haben, da ja ein im Zustande der Bewußtlosigkeit und Willenslosigkeit abgelegtes Geständnis an und für sich keinem vernünftigen Menschen beweiskräftig erscheinen dürfte, so wenig wie die Äußerung eines Träumers oder Irrsinnigen.

Daß ein Angeklagter mit seiner Einwilligung zulässiger Weise hypnotisch vernommen werden kann, wird nicht bestritten werden, da in diesem Falle der Justizbeamte ebensowenig widerrechtlich handelt als der Private.

Ein praktischer Erfolg ließe sich von einem solchen Beweisverfahren entschieden erwarten, da bekanntlich in einer späteren Hypnose die Erinnerung für alle Vorgänge während einer früheren wieder auflebt, und weil Somnambule in ihren Aussagen meist sehr aufrichtig sind und ihre tiefsten Geheimnisse bereitwilligst enthüllen. —

Der als Anstifter beschuldigte Hypnotiseur müßte dann demselben Verfahren unterzogen werden, sodaß aus dessen somnambuler Aussage, zusammengehalten mit jener des Thäters, ein anschauliches Bild des wahren Sachverhaltes gewonnen werden könnte.

Ein Beispiel somnambuler Selbstanklage ist folgender Fall, welcher Dr. du Prel von einem höheren österreichischen Justizbeamten brieflich mitgeteilt und von jenem dann in der Abhandlung „Suggestion und Dichtung"[24]) veröffentlicht wurde. Der Beamte erzählt: „Am 23 .... 18 ... wurde außerhalb J. bei Einbruch der Dunkelheit ein Fuhrmann H. räuberisch ermordet. Nachdem längere Zeit verging, ohne daß man eine Spur des Thäters erhielt, wurde mir die Angelegenheit übertragen, und es gelang mir nach einiger Zeit, sichere Verdachtsmomente gegen ein sehr verkommenes und höchst gefährliches Individuum aus der Gegend von B. zu erbringen, das, wie sich dann herausstellte, dem Ermordeten von dort aus nachgegangen war, bis es eine passende Stelle fand. Er wurde in P. verhaftet und in die Arreste von M. gebracht, wo er ein paar Wochen verblieb, wobei ich bemerke, daß er in der Untersuchung sowohl als bei der Vernehmung vollständig

---

[24]) Sphinx 1891, Bd. II.

leugnend sich verhielt. Im Arreste hatte er einen Zellengenossen, welcher beobachtete, daß K. im Schlafe sprach und ihm auf seine Fragen vollständig Antwort gab, während er nach dem Erwachen nichts davon wußte. Der Zellengenosse war nun hoch überrascht, als K. ihm im Traume den Mord erzählte und sich als Thäter angab, während er nach dem Erwachen vom ganzen Vorfall selbst nichts gehört haben wollte. Der Zellengenosse machte die Meldung, und als mir das Protokoll hierüber zukam, nahm ich Anlaß, um auf diese Weise einen völlig rätselhaft gebliebenen Umstand aufzuklären. Es zeigte nämlich bei der Sektion des Ermordeten der Schußkanal eine Richtung, die mir völlig unerklärlich war, da ich mir nicht denken konnte, daß der Mörder die Pistole fast in gerader Richtung von unten nach oben abgeschossen haben sollte. Ich veranlaßte nun, daß der Zellengenosse den K. im Schlafe um die näheren Details des Mordes befrug, und K. erzählte, daß er den Schuß auf den Ermordeten, den er angeschlichen hatte, im nämlichen Momente abfeuerte, als sich derselbe bückte, um die rückwärts angebrachte Bremsenvorrichtung zu drehen, womit eben die Schußrichtung erklärt war. K. wurde übrigens, da dieses im Schlafe abgegebenes Geständnis strafrechtlich nicht zu erwarten war, vom Verbrechen des Raubmordes losgesprochen, und ich erfuhr, daß er einige Jahre darauf im Zuchthause, wiewohl er sich stets leugnend verhielt und auch jeden religiösen Trost abwies, unter den gräßlichsten Visionen als völlig Verzweifelter gestorben sei."

Wenn einerseits in diesem Falle das Geständnis des K. auch für den Richter wertlos war, so ist uns damit doch andererseits der Beweis geliefert, wie wertvoll eine natürlich oder hypnotisch somnambule Aussage sein kann, sobald uns damit außer dem Geständnisse noch andere Beweisbehelfe geboten werden, was ja zweifellos möglich ist.

Es wäre nun allerdings auch denkbar, daß der Hypnotiseur seinem Objekte die wirksame Suggestion gibt, er solle in einer späteren Hypnose sich an die Vorgänge in der früheren nicht mehr erinnern können.

Diesem Befehle somnambuler Erinnerungslosigkeit glaubt Liégeois[24]) dadurch begegnen zu können, daß er dem Hypnotisierten Suggestionen gebe, welche nicht direkt oder ausdrücklich gegen die suggerierte Erinnerungslosigkeit gerichtet sind, daß man ihm z. B. suggeriere, er solle zu seinem Hypnotiseur gehen und ihn gegen die Polizei schützen, ihn benachrichtigen, verstecken u. s. w. oder solle beim Anblick des Urhebers oder dessen Bildes husten, lachen u. s. w.

Die Beantwortung der Frage, ob die Vermehrung hypnoti-

---

[24]) l. c. Seite 693.

sierter Zeugen zulässig ist, bestimmt sich nach den einschlägigen processualen Vorschriften, welche nicht so unklar sind, wie Dr. Moll meint.

Soweit Beeidigung der Zeugen vorgeschrieben ist, wäre eine solche Vernehmung gemäß § 60 St.=Po. wegen mangelnder Vorstellung über das Wesen und die Bedeutung des Eides nicht möglich, denn man darf einem zurechnungsfähigen Zeugen nicht unzurechnungsfähig machen, um ihn dann gemäß § 56 St. = Po. zu vernehmen; anders aber, wenn der Zeuge unbeeidigt vernommen werden kann und derselbe sich freiwillig zum Zwecke der Vernehmung hypnotisieren läßt; dann steht einer solchen gesetzlich nichts im Wege.

Bei verdächtigen Zeugenaussagen würde die hypnotische Vernehmung ein gutes Mittel sein, die Wahrheit zu erfahren, insbesondere dann, wenn falsche Aussagen unter dem Einflusse einer hypnotischen Suggestion gemacht werden.

In wie weit der theoretisch an sich unanfechtbare Gedanke, vermittels hypnotischer Suggestion als „moralische Orthopädie" die Verbrecher in Gefangenenanstalten zu bessern und dadurch diese zu einer wahren moralischen Heilanstalt umzuwandeln, durchführbar wäre, ist angedeutet von Dr. Schmidkunz, Dr. du Prel und Dr. Eulenburg, auf deren diesbezügliche Ausführungen ich hiermit verweise. In Rom sollen, wie ich höre, unter Leitung des Professor Dr. Bernabei praktische Versuche in dieser Hinsicht angestellt werden.

Gefahren des Hypnotismus.

Über die Gefahren des Hypnotismus und die Maßregeln, welche der Gesetzgeber dagegen zu ergreifen habe, ist schon vielerlei geschrieben worden. Meines Erachtens unterschätzt die Pariserschule mit ihren Anhängern diese Gefahr ebenso wie dieselbe von der Schule von Nancy überschätzt wird. —

Ich glaube nicht, daß das Hypnotisieren, wie viele fürchten, ein soziales Übel mit Gefährdung der geistigen und leiblichen Gesundheit der Menschen werden wird; doch können hypnotische Experimente, angestellt von Unkundigen und Leichtsinnigen, von sehr schlimmen Folgen begleitet sein, wie ein paar von Tagesblättern vor einiger Zeit mitgeteilte Fälle zeigen:

„Zwei Polizeiagenten fanden kürzlich (1890) auf einer Bank des Pariser Boulevard einen jungen Mann, welcher fortwährend schluchzte. Der Mann schien in furchtbarer Verzweiflung. Als er die beiden Agenten bemerkte, wollte er die Flucht ergreifen, aber man hielt ihn fest und brachte ihn auf das Kommissariat. Dort erzählte er mit vor Aufregung zitternder Stimme: „Ich heiße August H. und wohne in der Berrystraße. Ich hatte mit meiner Mutter einen Streit und versetzte ihr zwei Messerstiche. Die arme Frau ist — tot." Ein Agent wurde sofort in das bezeichnete Haus geschickt und traf dort die Mutter des Verhafteten, die sich vollständig wohl befand. Als man ihr von der Aussage ihres Sohnes Mitteilung machte, erklärte sie weinend, daß der Geisteszustand ihres Sohnes seit einiger Zeit gestört erscheine. Er spreche unzusammenhängende Worte und erzählte häufig von einem Morde, den er begangen. Aus dem weiteren Berichte der Mutter ging hervor, daß der Unglückliche vor einigen Monaten bei einem Freunde beredet worden sei, sich hypnotisieren zu lassen. Während des Schlafes hatte man ihm befohlen, eine als Frau gekleidete und als seine Mutter bezeichnete Puppe zu ermorden, was er auch that. Seit dieser Zeit zeigte sich der junge Mann tiefsinnig und glaubte fortwährend, er habe einen Mord begangen; in diesem Zustande verließ er das Haus in der fixen Idee, daß er soeben seine Mutter getötet habe. Der Unglückliche wurde der häuslichen Obhut übergeben.

Ein zweiter Fall ist folgender:

„Eines plötzlichen Todes starb dahier (in München) Mr. George Russel Graig, ein Engländer .... Mr. Graig ließ sich nämlich hypnotisieren und es wurde ihm in der Hypnose suggeriert, er solle nach seinem Erwachen Champagner mit eau de Cologne zu sich nehmen. Dieser Befehl wurde von dem nunmehr Verlebten thatsächlich ausgeführt. Fast unmittelbar, nachdem Mr. Graig Champagner mit eau de Cologne zu sich genommen hatte, fiel er tot um."

Solche und ähnliche Vorkommnisse bewogen die Gesundheitsausschüsse von Wien, Rom und Mailand, von der Gesetzgebung zu verlangen, daß das Hypnotisieren nur den Ärzten erlaubt und jede hypnotische Schaustellung strenge verboten werde, in welchem Sinne denn auch im vorigen Jahre ein Gesetz in Belgien erlassen wurde.

Daß die Kirche die Thatsachen der Hypnose und Suggestion nicht ignorierte, ist selbstverständlich, doch weiß sie damit noch nicht viel anzufangen, zumal sie sich noch nicht klar darüber ist, ob diese Thatsachen für ihre Lehren oder gegen dieselben sprechen. Manche Theologen behaupten zwar schon, daß in dem Hypnotisierten nicht die suggerierte Idee, sondern der Teufel wirke, andere jedoch finden in der Hypnose etwas ganz Natürliches, nur dürfe einem ja nicht in den Sinn kommen, gewisse Wunder damit zu erklären, und verwahren sich ernstlich davor, daß die wunderbaren Heilungen moderner Hypnotiseure auf gleiche Linie gestellt werden mit den Heilungen der christlichen Wunderthäter.

Der Jesuit Bonniot schrieb in „le miracle et ces contrefaçons" über Hypnotismus, eine Arbeit, welche ohne alle Bedeutung ist.

Auch der Erzbischof von Madrid erließ 1887 gegen den Hypnotismus einen Hirtenbrief, welcher von dem kath. Theologieprofessor abbé Elie Méric eine gründliche wissenschaftliche Korrektur erfuhr[25]).

In Deutschland hat sich ein Bedürfnis nach Verbot des bislang erlaubten Hypnotisierens durch Laien noch nicht gezeigt. Ein Gesetz, welches, wie viele verlangen, das Hypnotisieren überhaupt, oder wenigstens mit Ausnahme seiner therapeutischen Verwendung durch einen approbierten Arzt wegen Gesundheitsgefahr verbieten würde, wäre ebenso unsinnig wie ein Gesetz, welches das Bergsteigen, Kahn- und Luftballonfahren wegen besonderer Gefährlichkeit unter Strafe stellen würde, denn der Staat hat nicht die Pflicht und nicht das Recht, seine Unterthanen vor jedmöglicher Gefahr zurückzuhalten und jede Selbstgefährdung zu bestrafen, solange nicht ein öffentliches Interesse mitspricht.

Einer Gefährdung der Menschen durch die Hypnose wird am besten durch allgemeine Verbreitung der Kenntnis der hypnotischen Erscheinungen vorgebeugt werden, denn wer damit bekannt ist, wird den Gefahren derselben möglichst ausweichen, und dem raffiniertesten Gauner wird es schwer oder fast unmöglich werden, einen mit Hypnose und Suggestion vertrauten Menschen durch dieselben zum Werkzeuge für seine Verbrecherzwecke zu machen.

---

[25]) Siehe auch Stimmen aus Maria Laach, 1890 April ff.